Affolez
vos
concurrents !

Guy Kawasaki

Affolez vos concurrents !

Traduction de Jean-Marie Huët et Hugues de Giorgis
Préface et adaptation de Sophie de Menthon

Éditions Générales F1RST

Titre original *How to drive your competition crazy*
© 1995 Guy Kawasaki
© 1996 Éditions Générales First pour l'édition française

ISBN 2-87691-323-2.
Dépôt légal : 3e trimestre 1996.

Nous nous efforçons de publier des ouvrages qui correspondent à vos attentes et votre satisfaction est pour nous une priorité.
Alors, n'hésitez pas à nous faire part de vos commentaires à :

Éditions Générales First
70 rue d'Assas
75006 Paris
Tél : 45 44 88 88.
Fax : 45 44 88 77.
Minitel : AC3*FIRST
Internet e-mail : first@imaginet.fr

A mon fils,
Nicodemus Mathias Kawasaki.
Puisse-t-il affoler ses concurrents encore plus
que son père n'ait jamais pu le faire.

« … j'ai enfin compris ce que c'était qu'écrire : le besoin irrésistible de partager avec quelqu'un d'autre une vérité ou un sentiment que j'ai moi-même éprouvés. »

Brenda Ueland, *If You Want to Write*.

Sommaire

Remerciements

« Les bons lecteurs rendent les livres encore meilleurs et leurs détracteurs les rendent encore plus clairs ».

Friedrich Wilhelm Nietzsche, *Opinions et sentences mêlées* (1879).

Derrière chaque auteur heureux, vous trouverez à coup sûr un assistant capable de mener vos travaux de recherche de manière exceptionnelle. J'ai trouvé en Michele Moreno cet assistant de recherche exceptionnel. Si vous aimez les exemples de ce livre, c'est à elle que vous les devez. S'ils vous déçoivent, prenez-vous en à moi. En tout cas, elle a fait un travail remarquable en dépit d'un lourd handicap : mes directives toujours vagues et incertaines.

De « bons lecteurs » assortis de « bons détracteurs » sont assurément les cadeaux les plus précieux qu'un auteur puisse jamais recevoir. Ils le forcent à repenser ce qu'il a écrit et à actualiser ce qu'il est en train de rédiger. Bill Meade est un lecteur de cette trempe. Dieu merci, je l'ai trouvé sur ma route, parce que cet homme possède un des esprits les plus doués pour le marketing qu'il m'ait été donné de rencontrer parmi tous ceux dont j'ai pu m'inspirer. Je me suis également largement inspiré de Raleigh Muns, parce qu'il m'a permis de trouver la réponse à un des exercices de mon livre, de donner des tas de références et de confirmations. Et je l'avoue, Raleigh Muns n'a pas été payé en retour.

A ce jour, nous ne sommes toujours pas d'accord sur l'identité du

« père du Macintosh ». Jef Raskin était à l'origine du projet mais c'est Steve Jobs qui l'a mené à son terme. De la même manière, Steve Roth a eu l'idée de ce livre et c'est moi qui l'ai écrit. Sans Raskin ni Roth, Macintosh n'aurait peut-être jamais existé, pas plus que *Affolez vos concurrents*.

Quant à Julie Livingston et John Michel, auteurs de *I'll do it for a Performa*, je les considère comme faisant partie de ma famille. Tour à tour critiques et enthousiastes, mais toujours prêts à me fustiger, ils m'ont obligé à améliorer constamment la forme de ce livre, son contenu, sa grammaire et son propos. Si John et Julie sont comme un frère et une sœur pour moi, c'est Jon Winokur qui a joué le rôle d'entraîneur. Il m'a aidé à ne pas tout laisser tomber lorsque je me sentais devenir fou en écrivant ce livre.

Derrière un auteur qui réussit, on trouve toujours un éditeur exceptionnel. Rick Kot est un éditeur exceptionnel, j'ai eu la chance de l'avoir à mes côtés. S'il n'avait pas cru en moi, j'aurais peut-être été obligé de me faire éditer à compte d'auteur. Son enthousiasme, jamais démenti, m'a permis de travailler en toute tranquillité. S'il n'avait pas perpétuellement un temps d'avance sur ses confrères, j'en serais peut-être encore à travailler pour Microsoft. Je lui suis tout particulièrement reconnaissant d'avoir acquis cet ouvrage avant même qu'il n'ait quelque consistance. Il m'a « accouché » de mon livre et il l'a nourri au sein tant qu'il était petit.

Derrière Rick Kot, il y a David Cashion et toute l'équipe Hyperion : Angela Palmisono, Simone Cooper, Lisa Kitei, David Cohen et Richard Oriolo. Je suis certain qu'ils ont déjà travaillé avec des auteurs plus faciles à vivre, mais je parie qu'ils n'ont jamais rencontré plus rapide que moi ! Quel bonheur pour un auteur d'avoir eu la chance de travailler avec des gens aussi talentueux que David, Angela, Simone, Lisa, David et Richard !

J'adresse mes remerciements à tous ceux qui, de manière désintéressée, ont donné de leur savoir et de leur temps pour relire le manuscrit et pour m'apporter de précieuses sources d'informations : Richard Barlow, Louise Bates, Chris Calande, Dan et Pam Chun, Vicki Clift, Sam Decker, Howard Getson, Debra Goldentyer, Helen Gracon, John Holland, Steve Kopp, Steven Long, Terri Lonier, Bill Lutholz, Will Mayall, Dave Millman, Wayne Muromoto, Adam Robinson, Bobbi et Peter Silten, Kenneth Sobel,

Remerciements

Harry Somerfield, Todd Spare, Michael Stein, Anne Taylor, Richard Theriault, Stephanie Vardavas, Elizabeth Williams et Marcia Yudkin. Merci aussi tout spécialement à Susan Bright Winn, qui a transcrit les bandes magnétiques des interviews.

Les lecteurs qui n'ont pas l'habitude d'utiliser un ordinateur vont peut-être trouver bizarre que je rende hommage à un service : Dialog Information Services en l'occurrence. C'est un service d'informations on line qui m'a permis d'éplucher des centaines de publications spécialisées dans les affaires et les *news*, sans avoir besoin de quitter mon bureau. On pourrait très bien écrire un livre comme celui-ci sans Dialog Information Services (ni Raleigh Muns)… mais il faudrait être masochiste, ou alors un fieffé imbécile.

Merci à Pat Bechelli et au personnel de son restaurant, Le Bechelli, qui se trouve dans le quartier de la Marina à San Francisco. J'y ai passé un temps infini à travailler sur ce livre – il m'arrivait de m'y installer à l'heure du petit déjeuner et de n'en sortir qu'après avoir pris mon déjeuner – je ne peux pas me passer de leur *granola special*.

Enfin, je voudrais remercier mon épouse Beth pour m'avoir supporté pendant que j'écrivais ce livre. Voulez-vous vraiment savoir comment rendre fous vos concurrents? En épousant une femme géniale, tout simplement.

L a compétition et la concurrence n'ont pas bonne presse en France. Les valeurs républicaines d'égalité nous ont tant imprégnés qu'elles ont insidieusement atteint le monde de l'entreprise. Fondamentalement, nous nous sentons coupables de vouloir dépasser l'autre, de récompenser au mérite ou de juger aux résultats. Comment alors se plaindre de manquer de vendeurs quand on considère avec condescendance les activités mercantiles pour privilégier la réflexion à l'action, le concept au concret, la parole à l'écoute?

Comment pourrions-nous entrer dans la compétition économique alors que les jeunes entrent dans la vie active, marqués par un enseignement qui, sous le louable prétexte de l'égalité des chances, refuse implicitement l'esprit de sélection? Les classements ont disparu des bulletins scolaires, les notes se sont faites rares et la seule évocation de la bonne vieille distribution des prix en fin d'année a des connotations quasi racistes! Du jour au lendemain, on voudrait que ces mêmes étudiants se transforment en vainqueurs de l'entreprise ou de la marque qu'ils défendent, c'est hélas irréaliste.

C'est en cela que l'esprit de l'ouvrage de Kawasaki est totalement subversif par rapport à la forme de concurrence que se livrent les entreprises françaises.

Certes, nos entreprises se battent pour conquérir ou garder des parts de marché, mais c'est un océan qui sépare nos techniques et notre volonté de s'imposer à celles des managers américains. On est immédiatement saisi par l'entrain et l'excitation sans états d'âme qu'affiche l'auteur sur ce thème.

Au premier degré, naïvement, facilement, sans complexes, nous découvrons que la compétition peut être un jeu plein d'astuces; que de vrais spécialistes s'attèlent à observer, écouter, analyser dans le moindre détail tout ce qui pourrait servir à faire la différence.

A travers l'œuvre de Kawasaki, on observe que c'est l'homme qui est au centre de cet univers de la concurrence et non l'entreprise en tant qu'institution, et c'est en cela aussi que cette approche est intéressante. Le consommateur, quel qu'il soit, à quelque univers qu'il appartienne, est au centre d'une recherche qui consiste à lui donner satisfaction. L'Amérique aime le consommateur, la France aime ses produits et c'est bien là que nous péchons.

Aucun service, aucun produit ne trouvent grâce aux yeux du manager américain s'ils ne sont pas parfaitement en phase avec un besoin exprimé, un désir suggéré ou repéré. « Aime le consommateur comme toi-même » était le slogan choisi par le congrès annuel de la vente directe à San Francisco, l'année dernière. Un credo qui n'est pas le fruit du hasard et qui correspond à un état d'esprit qui va en s'amplifiant.

Mais la bataille de la part de marché ne s'arrête pas là; il ne suffit pas de séduire, il faut être sinon le leader, du moins le meilleur, et pour cela, il faut être aussi vigilant envers la concurrence qu'attentif au client.

La notion « d'affolement » de la concurrence qui est le leitmotiv de l'ouvrage exprime bien cette volonté de déstabiliser, de surprendre en permanence, donc de se mettre en état de créativité constante. Une nouvelle forme de veille qui dépasse la technologie pour intervenir sur tous les plans à la fois et à tout instant. Une vigilance qui touche autant au service qu'à l'ingéniosité d'un système, à l'évolution des mentalités, aux caprices de l'acheteur…

Préface

Une leçon pour un marketing français cartésien qui ressemble aux jardins à la française : ordonné, prévisible, efficace mais qui ne surprend pas, alors que dans cette approche, l'imagination et la recherche ludique sont mises en valeur. L'application des méthodes et la mise en œuvre procèdent, elles, de la plus exigeante rigueur. Aucune improvisation dans ce véritable travail de détective qui consiste à trouver la faille de l'adversaire. Si on doit délirer pour inventer et apporter un plus, le processus, lui, est implacable et débouche systématiquement sur une application concrète directement opérationnelle.

L'effort que doit faire le lecteur pour transposer ce regard inhabituel sur la concurrence est facilité et encouragé sans cesse par les tests qui suivent chaque exemple. Une interactivité entre l'auteur et le lecteur qui fait aussi partie de cette dynamique concurrentielle. Lecteur et acteur : c'est une nouvelle attitude nécessaire pour que nos méthodes évoluent et que notre productivité soit à l'échelle de la compétition mondiale.

Ce n'est pas en spectateur qu'il faut aborder ce témoignage d'un nouvel état d'esprit, c'est en « collaborateur » et ce à quelque niveau hiérarchique que ce soit. C'est à ce prix que l'on trouve un bénéfice personnel à l'activité professionnelle puisque, tout à coup, le quotidien prend une intensité et donc un sens, en tuant la routine.

Jouons donc avec Kawasaki pour retrouver un enthousiasme et une implication qui sont les conditions de la performance et de la croissance.

Sophie de Menthon

Lisez-moi
d'abord

« **N'espérons pas moissonner,**
Et cueillir les épis mûrs et blonds,
Si nous n'avons pas d'abord semé
Et arrosé de nos larmes les sillons.

Il n'est pas tel que nous l'appréhendons,
Ce monde mystérieux qui est le nôtre,
Le champ de la vie donnera lorsque nous le ferons
Une récolte d'épines et de fleurs ».

Johann Wolfgang von Goethe, *Persévérance.*

Piégé !

En général, lorsque l'on écrit le mot introduction au début d'un livre, on sait qu'il n'y aura pas grand monde pour lire le chapitre. J'espère qu'avec un titre aussi inhabituel que « chapitre 0 », je parviendrai à un résultat différent.

Ce livre entend faire l'éloge de l'esprit de finesse, de la clarté de pensée, et célébrer l'audace et le goût du travail pour affoler les concurrents. Voici trois exemples de cas que nous allons examiner :

21

1. Une chaîne de pizzerias qui voulait s'implanter dans le Colorado, aux Etats-Unis, offrit en promotion deux pizzas pour le prix d'une à quiconque présenterait à la caisse les publicités de la concurrence arrachées dans les Pages jaunes.

2. Le catalogue Sears : il y a cinquante ans, Richard Sears conçut un catalogue de dimensions plus réduites que celui de chez Montgomery Ward, de façon à ce que les gens empilent tout naturellement les catalogues de chez Sears par dessus ceux de Montgomery Ward. Sa conviction était que, quel que soit le catalogue placé sur le dessus de la pile, il serait sans aucun doute le plus fréquemment utilisé.

3. La Bank of America. Lorsque celle-ci ferma certaines des agences de la Security Pacific après que les deux banques eussent fusionné, la First Interstate Bank envoya des brochures dans ces agences pour tenter de récupérer leurs clients.

Cet ouvrage doit vous aider à combler vos clients de bonheur, à augmenter votre chiffre d'affaires, à accroître votre profit et à frustrer vos concurrents. Néanmoins, ce livre, pas plus qu'un autre, n'est une panacée. Il peut vous indiquer comment vous pouvez y parvenir, mais c'est à vous d'agir. Après tout, le succès n'arrive jamais tout seul, il faut aller le chercher.

Comment cet ouvrage est-il construit ?

Lorsque l'on demande aux auteurs : « *Que vaut votre ouvrage?* », la plupart sont tentés de répondre : « *Cent balles!* ». Toute plaisanterie mise à part, je vais vous expliquer comment j'ai composé ce livre, afin de vous aider à en tirer le meilleur parti et le maximum de plaisir.

Affolez vos concurrents est divisé en quatre parties. Chaque partie est divisée elle-même en quatre chapitres.

■ *Préparez le terrain* est une concession à la partie gauche de mon cerveau, qui m'avertit que les gens devraient planifier, préparer et prévoir ce qu'ils vont faire, sous peine de se brûler cruellement.

Le premier chapitre de cette partie explique, exemples à l'appui, pourquoi le fait de rendre fous vos concurrents a des conséquences positives. Les trois chapitres suivants vous exposent ce qu'il vous faut pour démarrer : vous connaître vous-même, repérer vos cibles : clients et ennemis.

■ *Faites ce qu'il faut faire* reflète ma conviction que pour décourager vos concurrents, vous devez faire les choix qui s'imposent en matière de stratégie. Le succès en affaires – même pour ceux qui conçoivent les affaires comme une guerre à base de harcèlement – a toujours pour point de départ des décisions ingénieuses, soigneusement pesées – plus que des attaques violentes et désordonnées.

■ *Faites-le bien* illustre le fait qu'une fois les engagements nécessaires pris auprès de votre client, tout l'art est dans la manière. Vous pouvez avoir tous les ingrédients et bien connaître la recette, il n'en reste pas moins que vous devez avoir le coup de main.

Ces quatre chapitres parlent du *comment* – c'est-à-dire des procédés, des procédures et des pratiques qui satisferont vos clients et qui, par conséquent, affoleront vos concurrents.

■ *Poussez votre avantage* présente une suite de méthodes et de procédés audacieux, inattendus, qui font mal au point d'empoisonner la vie de vos concurrents. Je les présente en fin d'ouvrage parce qu'elles sont trop dangereuses pour les amateurs. N'optez pas pour ces techniques sans une vigilance et une prudence adéquates.

Deux chapitres de cette partie expliquent comment saisir les bonnes opportunités et comment savoir penser en dehors des circuits traditionnels. Un troisième chapitre illustre la façon de faire perdre les pédales à vos concurrents internationaux (alias un affreux patron). Enfin, le dernier chapitre décrit quelques méthodes défensives qui vous permettront de conserver l'avantage face à vos concurrents.

Des exemples en or massif

Au sein de ce livre, j'ai intégré de nombreux exemples de sociétés, ainsi que de particuliers, qui ont su faire perdre les pédales à leurs concurrents. Bien entendu, il y a peu de chances que le principe de ces anecdotes soit directement applicable à votre propre cas, mais là n'est pas la question.

Mais alors, de quoi s'agit-il? D'abord, de vous faire comprendre le principe qui est contenu dans chacun de ces exemples. Apprendre à quelqu'un à pêcher est plus utile que de lui donner un poisson. Ensuite, avec un clin d'œil complice, vous faire connaître à votre tour cette jubilation que l'on éprouve à rendre ses concurrents complètement dingues!

Encore un mot à propos des exemples : certains sont présentés d'une manière telle que l'auteur semble connaître les circonstances exactes qui les ont faits naître. Il n'en est rien. Peut-être qu'en fait Sears a un catalogue plus petit que celui de Montgomery Ward parce qu'il a obtenu un meilleur prix pour l'imprimer sur un format réduit!

Les biologistes sont confrontés au même genre de situation.

Nous lisons dans des ouvrages que le long cou de la girafe est le résultat d'une adaptation permettant à l'espèce de manger ce qu'il y a de meilleur pour son alimentation, en l'occurrence ce qui se trouve au sommet des grands acacias. Mais qui dit cela? Stephen Jay Gould, professeur de biologie à l'université de Harvard en convient : « *Il n'y a pas obligatoirement d'adéquation entre l'utilité d'un phénomène et son origine historique, autrement dit, lorsque vous démontrez que quelque chose marche bien, vous n'avez pas résolu pour autant le problème du* quand, comment, *et* pourquoi [1]. »

Heureusement pour les gens qui écrivent des ouvrages professionnels, les hommes d'affaires se préoccupent assez peu de connaître le *quand*, le *pourquoi* et le *comment* d'une bonne idée – ce qui compte, c'est que cette idée existe, et qu'on puisse la mettre en pratique : « La girafe a un long cou pour manger les feuilles qui sont au sommet des arbres? Soit. Nous aussi, on peut faire ça. »

Allons-y !

Voilà qui suffit pour l'introduction. Commençons donc par nous intéresser à une bataille épique dans laquelle j'ai joué le rôle d'un simple fantassin. L'un des concurrents était puissant, l'autre petit. L'un avait pignon sur rue, l'autre était nouveau sur le marché. L'un était paré de tous les prestiges de la célébrité et du succès, l'autre n'avait pas encore émergé de la grisaille de l'anonymat.

Je veux parler de la bataille entre Apple et IBM *. C'est une des meilleures illustrations de David (un berger courageux) rendant Goliath (une brute invincible) complètement fou...

Guy Kawasaki
San Francisco, Californie.

PS : Si vous voulez contacter l'auteur
- 415-921-2478
- 415-921-2479 fax
- Macway@aol.com

et Sophie de Menthon
    Tél : (1) 45 44 62 71
    Fax : (1) 45 44 72 22

Note

1. Stephen Jay Gould, *Bully for Brontosaurus : Reflections in Natural History* (New York : W.W. Norton & Company, 1991), p. 114.

* Si vous avez lu mes autres livres, vous êtes peut-être fatigué de me voir utiliser cet exemple, une fois de plus. Désolé, mais pour en trouver un autre, il faudrait que je me remette à travailler pour un patron, et ça, je ne suis pas près de le refaire.

Préparez

le terrain

Si vous avez l'intention d'en faire voir de toutes les couleurs à vos concurrents – ou si vous voulez seulement les embêter – vous devez vous appuyer sur des bases solides. La première partie vous explique comment vous y prendre. Votre tâche consistera à choisir un adversaire à la hauteur (chapitre 1, Des adversaires de taille). Puis, de façon à choisir la meilleure manière de vous glisser dans la peau de cet ennemi, vous aurez besoin de savoir qui vous êtes (chapitre 2, Connais-toi toi-même), qui sont vos clients (chapitre 3, Apprends à connaître ton client), et qui sont vos concurrents (chapitre 4, Apprends à connaître ton ennemi).

Chapitre 1

Des adversaires de taille

« Ne vous faites pas de petits ennemis – des gens qui ne diffèrent de vous que pour des raisons insignifiantes. En revanche, je vous conseille de vous trouver de toute urgence « des adversaires de taille » avec qui vous êtes en désaccord sur des questions cruciales, contre qui vous êtes prêt à vous battre jusqu'au bout pour faire valoir vos convictions fondamentales. Et ce combat-là, je peux vous l'assurer, vous fera le plus grand bien, à vous et à votre adversaire ».

Thomas Watson, Jr., fondateur de IBM.

Le département Macintosh

Notre rêve était simple : renvoyer IBM à l'ère des machines à écrire, du temps où la prestigieuse société ne tenait que par les touches de ses machines à écrire Selectric. Nous faisions partie du département Macintosh de Apple Computer. Ce qui signifie que nous avions été choisis nommément par Steve Jobs, cofondateur de Apple Computer, pour déclarer et mener la guerre à la concurrence.

C'était en 1984. Nous venions tout juste de lancer sur les fonts baptismaux ce qui, à nos yeux *, était un ordinateur génial. Nous avions reçu pour mission de détruire notre gigantesque adversaire IBM. Nous avions choisi cette compagnie pour en faire notre ennemi n° 1 parce qu'elle avait fait son credo d'une informatique centralisée, autocratique, dédaigneuse de l'usager (au mieux), voire hostile (au pire).

Mon rôle au département Macintosh était donc de convertir les fabricants de logiciels afin qu'ils créent des produits Macintosh. L'introduction d'un nouvel ordinateur demande que l'on passe sur l'idée que s'il n'y a pas suffisamment de logiciels, personne ne l'achètera, et que si personne ne doit l'acheter, il n'y a pas de raisons de créer des logiciels. Je me suis servi de mon zèle et de mon enthousiasme pour amener ces fabricants à partager ma foi et faire le saut et ce sans investissement financier.

Nous travaillions quatre-vingt-dix heures par semaine et nous adorions cela, parce que nous avions l'impression de mener une véritable croisade, aussi bien pour changer le monde que pour le préserver de la domination des grands méchants loups en complets bleus **. Notre grand ennemi suscitait des passions que n'auraient pu faire naître de simples clients. Bien que la pensée de devoir satisfaire nos clients nous remplît d'excitation, nous étions au fond motivés par l'idée de détruire l'hégémonie de IBM.

C'est en travaillant au département Macintosh que j'ai pris conscience de l'amour que l'on porte à la concurrence. Elle répond à ce besoin qu'ont les hommes de se dépasser, que ce soit pour satisfaire les gens, surmonter les obstacles, ou venir à bout de la médiocrité. C'est pour cela que l'on trouvera toujours un endroit aux Etats-Unis où dénicher des paniers de basket, un championnat d'orthographe, ou un concours de beauté, et un coin de rue où se faire cuire des piments rouges.

---

* Nous, c'est-à-dire des gens qui refusaient de se conduire comme des moutons et ne supportaient pas d'utiliser les ordinateurs personnels en circulation à l'époque.
** NdT : Les ingénieurs et les ingénieurs commerciaux de chez IBM étaient sommés de porter des complets bleus en toute circonstance.

Créez des atouts

R éussir face à IBM impliquait de s'attaquer à ses privilèges et de créer de nouveaux atouts pour Apple. L'atout principal de IBM était sa légitimité dans le domaine des ordinateurs professionnels, car ne disait-on pas : « Personne n'a jamais été viré de son job pour avoir acheté un IBM. »

En mettant au point un ordinateur bardé de logiciels étincelants, et plus facile d'emploi, nous voulions attaquer la réputation de luxe de la société IBM. On ne vous mettrait pas à la porte parce que vous aviez acheté un IBM, mais vous n'auriez pas pour autant le meilleur des ordinateurs. Voici donc ce que nous avons fait :

1. Nous avons donné un avantage à nos acheteurs de Macintosh : « l'interface de l'utilisateur Macintosh ». Cette interface, fondée sur la représentation sous forme d'icônes figurant des objets du monde réel, tels que poubelle ou dossiers pour ranger des documents, rendait les ordinateurs « automagiquement » faciles à découvrir et à utiliser pour des non spécialistes.

2. Nous avons introduit des applications créatrices comme le logiciel de mise en page appelé PageMaker. Les logiciels de Macintosh n'étaient en rien des versions remaniées des produits MS-DOS et Apple II déjà existants. Il s'agissait d'une nouvelle génération de logiciels qui, pour reprendre les mots de Paul Sherlock et Tom Peters, les gourous du management, leur donnaient des « bouffées de chaleur », des « fourmis dans les jambes », et leur faisaient pousser des cris d'admiration et de colère.

3. Nous avons incité nos clients à épouser la cause de Macintosh. Ces vendeurs que nous ne payions pas faisaient ainsi avancer la cause de Macintosh à un moment où il y avait très peu de logiciels

disponibles et où l'ordinateur était encore trop lent – une époque particulièrement longue et pénible, croyez-moi.

Provoquez un bouleversement

Aussi ridicule que cela puisse paraître aujourd'hui, nous avons cru que nous pouvions déloger IBM du marché des ordinateurs personnels. Evidemment, nous avons échoué, mais on s'est « éclaté », et, en tout cas, nous avons fait de Macintosh une réussite. En y repensant, nous aurions dû nous fixer un objectif plus raisonnable : faire enrager IBM, les rendre fous et non pas chercher à les éliminer du marché.

Que veut-on dire par affoler vos concurrents ? On pourrait le résumer par ce que le capitaine Achab disait de Moby Dick :

> « *Un éclair traverse mon crâne ; mes orbites me font mal, affreusement mal ; j'ai l'impression qu'on a décapité mon cerveau perclus de douleur, et qu'il roule sur quelque sol étourdissant* [1]. »

L'image est sublime, mais cette définition ne saurait susciter l'adhésion des avocats d'affaires ni des prud'hommes. A la place, je propose une définition moins expéditive, plus modérée :

> « Bouleverser le marché de façon à créer de nouveaux avantages pour vous-même et amenuiser ceux déjà existants de vos concurrents *. »

Cyniquement, l'objectif est de vous aider à paralyser la concurrence par des moyens injustes. William Kingston l'a dit mieux que moi : « ... *le savoir-faire en matière de marketing ne consiste pas à savoir comment trouver une part de marché, mais comment construire un monopole* [2]. »

---

* Cette définition a été inspirée par le livre de Richard D'Aveni : *Hypercompetition – Managing the Dynamics of Strategic Maneuvring* (New York : The Free Press, 1994).

Cette définition sous-entend que vous n'avez pas besoin de faire disparaître la concurrence, mais simplement de créer un bouleversement. Apple a rendu fou IBM en semant le trouble dans le secteur des ordinateurs. IBM ne demandait qu'à rester sur la voie des grosses unités centralisées sans chercher à faciliter la vie des utilisateurs *.

Selon IBM, l'histoire se raconte ainsi : des gamins en tee-shirt et tennis ont créé en Californie un ordinateur dont ils ont été obligés de tenir compte et qu'ils ont finalement copié pour proposer à ses clients ce qu'ils réclamaient, c'est-à-dire une plus grande maniabilité. (IBM n'aurait jamais pu créer les interfaces graphiques, Windows par exemple, ou OS/2, si elle n'y avait pas été obligée). Apple n'a pas expulsé IBM du marché, mais l'a forcée à suivre le mouvement. Aucun produit n'est éternel.

Comment choisir votre ennemi

Cela fait dix ans déjà que Apple a lancé Macintosh, et je ne travaille plus pour Apple. Aujourd'hui, je me rends compte de la folie que c'était d'avoir voulu « se payer IBM », et de la force que cela nous a donné de vouloir rivaliser avec un adversaire de cette taille.

Comme le disait Shakespeare : « *Douce est la pratique de l'adversité* ». IBM nous a forcés à créer un meilleur produit. Si IBM n'avait pas existé, il nous aurait fallu trouver un autre ennemi. Nous battre contre une société qui dépensait plus en trombones que nous en marketing, était un défi qui nous terrifiait, mais nous inspirait et nous excitait !

Jay Levinson, le gourou du « marketing de harcèlement », reconnaît les bienfaits de l'adversité : « *Le rôle de vos concurrents est de vous forcer à vous améliorer, à rester honnêtes, à trouver des plus-values, et s'aguerrir.*

---

* IBM est allé un jour jusqu'à intituler le département des ordinateurs personnels : « département des Entrées systèmes », signifiant ainsi que les ordinateurs personnels ne constituaient rien de plus à ses yeux que des « points d'entrée » permettant d'accéder au véritable ordinateur.

On peut estimer que vous avez de la chance si vos concurrents sont bons, intelligents et travailleurs – et non simplement de braves gens. »

Qu'est-ce qu'un bon ou mauvais ennemi en affaires?

Mon expérience chez Apple et la concurrence de IBM m'ont appris à faire la différence entre un bon et un mauvais ennemi. Apple, par exemple, avait le choix entre trois types d'ennemis :

– un adversaire de taille avec IBM (le fabricant des ordinateurs centraux qui a abordé l'informatique par le haut);

– un adversaire comparable à Upstart Compaq, une société qui, comme Apple, croyait aux ordinateurs personnels mais avait une conception différente de l'interface;

– un adversaire facile avec Fading Kaypro, une société qui avait eu son heure de gloire.

Le choix de IBM comme ennemi fut le bon parce que sa conception des ordinateurs s'opposait fondamentalement à la nôtre. Mieux : c'était un « bon » ennemi parce qu'un « bon » ennemi vous force à vous améliorer. Faire concurrence à un « bon » ennemi stimule les collaborateurs et assoit la crédibilité d'une marque sur le marché.

Compaq n'était pas un ennemi valable. La société démarrait, tout comme Apple, donc si nous l'avions emporté sur elle, notre crédibilité n'en aurait pas été accrue pour autant, et, comme le disait quelqu'un de chez nous, l'idée de nous mesurer avec Compaq ne pouvait pas nous motiver suffisamment.

Kaypro n'était pas non plus un « bon » ennemi. La société avait déjà commencé à disparaître du marché des ordinateurs personnels. L'emporter sur elle n'aurait eu aucun sens et se faire battre aurait été catastrophique!

J'ai donc appris qu'un « bon » ennemi est généralement un leader dans sa branche, plus grand, plus ancien et plus riche. Un « mauvais » ennemi est le plus souvent un débutant – agressif, affamé et prêt à tous les coups bas.

Définir le « bon » ennemi comme étant une grande société qui a pignon sur rue et un « mauvais » ennemi comme une petite entreprise affamée de succès peut sembler dangereux et mal analysé. Est-ce qu'il ne serait pas plus sensé de concurrencer une société de plus petite taille? La réponse est non, et voici pourquoi :

1. Tenter de battre une petite entreprise est risqué. Si vous en sortez vainqueur, votre victoire ne signifie rien. Si vous échouez, vous vous ridiculisez. Il y a plus de risques que d'avantages dans ce challenge.

2. Battre une petite société peut s'avérer plus difficile parce qu'elle est peut-être capable de se mobiliser plus rapidement, de changer d'orientation sans prévenir, et de mener une guerre de harcèlement avec la même efficacité que vous. Une petite société est plus compétitive dans ses réactions et peut mobiliser ses énergies.

3. La « victoire » que vous remportez sur un ennemi de poids, vous pouvez vous-même en fixer les termes : pas besoin de l'éliminer du marché – le gain d'une simple part du marché peut suffire à se déclarer gagnant alors que la victoire sur une petite compagnie exige son anéantissement total.

Véritable ennemi contre faux ennemi

Cette relation de « bon » ennemi n'est généralement pas réciproque. Si IBM était un bon ennemi pour Apple, Apple ne l'était pas pour IBM. Pourquoi? Parce que Apple n'était pas le véritable ennemi de IBM. Le véritable ennemi de IBM se trouvait chez elle, c'était le manque de vigilance, en particulier l'ignorance des avantages que confère la démocratisation de l'information. La société n'arrivait pas à se faire à l'idée que les ordinateurs personnels étaient de « véritables » ordinateurs *.

Vous n'êtes pas seulement libre de choisir entre un bon et un mauvais ennemi, mais également entre un vrai et un faux ennemi. Les paramètres bon ou mauvais, comme nous venons de le voir, se réfèrent au pouvoir d'attraction d'un ennemi. Les paramètres vrai ou faux s'appliquent au caractère approprié d'un ennemi.

Par approprié, on entend le fait de savoir si le choix de l'ennemi est judicieux – bon ou mauvais. Si vous n'y prenez garde, vous pouvez vous retrouver en concurrence avec la société qui n'est pas la bonne, alors que votre véritable ennemi n'est toujours pas identifié, et la concurrence n'est donc pas où vous l'attendez.

Prenons l'exemple de Polaroïd qui a joui d'un monopole de vingt-huit ans sur le marché de la photographie à développement instantané. En 1976, Kodak a sorti un appareil photo et une pellicule concurrents. Polaroïd a immédiatement poursuivi Kodak pour plagiat, et le tribunal lui a donné raison en 1990. La Cour a enjoint Kodak de retirer du marché ses appareils et ses films et Polaroïd a repris le contrôle du marché de la photographie à développement instantané. Mais pendant ce temps là, Polaroïd devait faire face à un marché en érosion parce qu'il n'avait pas porté suffisamment d'attention aux camescopes et aux magasins qui développent les photos en une heure. Ces deux innovations rentraient directement en concurrence avec sa spécificité du développement instantané[3].

Comme chez IBM, votre véritable ennemi peut ne pas être une autre société à part entière mais être constitué par des facteurs extérieurs ou internes. Les facteurs internes sont la myopie, la résistance au changement, la léthargie, la confusion et l'arrogance. Les facteurs extérieurs résident dans l'incertitude du consommateur quant aux bénéfices qu'il retirera du type de produit que vous proposez, ainsi que la propension des gens au statu quo. Le véritable ennemi extérieur de Apple, par exemple, était l'ignorance des bénéfices qu'on peut tirer de l'utilisation d'une interface graphique.

---

* Ainsi, lorsque IBM rencontra de nombreuses difficultés dans les années quatre-vingt-dix, le succès de Apple fut simplement la conséquence de l'ignorance de IBM, et non la cause des difficultés de IBM.

Des adversaires de taille

Nous reviendrons aux « ennemis » au chapitre 4. A présent, il est temps de jeter les bases de ce qui va vous permettre d'affoler vos concurrents, la première étape consistant à apprendre à se connaître soi-même un peu mieux.

E x e r c i c e

Vrai ou faux?

**La marque de lessive Woolite
concurrence les pressings**   **V**   **F**

**La compagnie d'aviation United Airlines
concurrence la vidéoconférence**   **V**   **F**

**La société de courses Federal Express
concurrence la messagerie électronique**   **V**   **F**

**Les épouses
concurrencent les ordinateurs**   **V**   **F**

Notes

1. Herman Melville, *Moby Dick* (New York : Penguin, 1992), p. 551.

2. William Kingston, *The Political Economy of Innovation* (The Hague : Martinus Nijhoff, 1984), p. 7.

3. Avinash Dixit et Barry Nalebuff, *Thinking Strategically – The Competitive Edge in Business, Politics, and Everyday Life* (New York : W.W. Norton & Company, 1991), pp. 154-55.

L'implication individuelle est la condition sine qua non *de la réussite professionnelle. Nous avons eu trop tendance à vouloir à tout prix séparer l'univers de notre vie personnelle de celui de la vie professionnelle. Sous prétexte de nous protéger, nous nous privons du plus essentiel, c'est-à-dire de l'intuition, du bon sens, de l'expérience quotidienne. Notre cartésianisme nous conduit à rester dans des cadres pré-établis qui, de fait, nous empêchent de nous sentir responsables. Porter sa propre expérience au sein de l'entreprise, projeter ses désirs et utiliser ses capacités au profit de l'entreprise, c'est autant de bénéfices pour soi-même. Le chapitre qui suit nous invite à dépasser les tâches qui nous incombent, il nous invite surtout à nous considérer individuellement comme un chef d'entreprise, c'est-à-dire comme celui dont dépend le succès d'une stratégie et l'avenir d'un projet. Déplacer la compétition commerciale et s'imposer son propre challenge, c'est la certitude de progresser, aussi bien sur un plan personnel que professionnel. Il faut peut-être pour cela transgresser tout un code culturel.*

Sophie de Menthon

Chapitre 2

Connais-toi toi-même

« L'ignorance n'est pas le bonheur, c'est l'oubli. »

Philip Wylie, *Generation of Vipers*, 1942.

Pouvez-vous citer le nom de la société décrite ici

Dans les années cinquante, elle a remporté un grand succès avec une gamme de motocyclettes au Japon, puis a recherché de nouveaux marchés. En 1959, cette société introduit ses motocyclettes aux USA.

A l'époque, le label Made in Japan signifiait implicitement que le produit était de la camelote! Les premières motos que cette société avait introduites sur le marché américain justifiaient cet a priori : elles perdaient de l'huile et leur embrayage cassait très vite.

Aussi, le premier grand succès de cette société en Amérique fut-il quasiment le fruit du hasard. Les trois personnes qui étaient à la pointe de l'offensive de l'entreprise aux Etats-Unis se servaient d'un scooter pour faire leurs courses parce qu'elles ne disposaient que d'une seule voiture. Cette motocyclette appelée Super Cub attira énormément l'attention, en dépit de son petit moteur (50 cm^3).

Devant le succès de la Super Cub, l'entreprise se lança dans les motos plus grosses et plus perfectionnées. Quatre ans après son arrivée aux Etats-Unis, elle vendait plus de 100 000 motos. Soit plus que toutes les autres marques réunies.

En 1969, la société commercialisa une toute, toute petite voiture, la N600, à Hawaï. L'année suivante, elle commercialisa la N600 en Californie, dans l'Oregon, et dans l'Etat de Washington. La stratégie de distribution consistait à demander aux concessionnaires de motos d'empiéter sur la marché de la voiture. Plus tard, la stratégie se changea en une action commando auprès des concessionnaires de voitures américaines pour qu'ils acceptent de vendre la N600 qui restait en marge de leurs salons d'exposition.

Cinq ans après avoir pénétré le marché américain de la voiture avec la N600, l'entreprise n'avait guère vendu plus de quarante-trois mille voitures. L'année suivante, son volume de vente avait plus que doublé. En 1976, Motor Trend décréta que son dernier modèle était « la voiture d'importation de l'année », et les ventes se mirent à exploser en Amérique.

En 1986, la société créait une nouvelle marque de voitures de luxe qui enthousiasma la presse automobile et concurrença BMW, Mercedes et quasiment tous les modèles américains. En 1987, l'organisme qui mesure l'indice de satisfaction des clients classait la nouvelle marque au premier rang de toutes celles jamais vendues aux Etats-Unis. Ce fut sans nul doute les modèles de cette entreprise concurrente qui obligèrent les constructeurs américains à revoir leurs lignes de produits pour tenir le coup.

Revue sur une période de vingt ans, la stratégie apparaît clairement : pénétrer le marché par le bas, vendre en masse, puis développer la ligne de produits avec des modèles de qualité croissante. Qui aurait prédit que la Super Cub aurait posé de sérieux problèmes à General Motors, Ford et BMW ?

Vous l'avez reconnue, bien entendu, il s'agit de la marque Honda. Comment arriver à de tels résultats ? Il s'agit, avant tout, de se définir soi-même et voici comment :

Définissez l'identité de votre entreprise

D ébranchez votre téléphone, fermez votre porte, éteignez votre ordinateur et consacrez environ trente minutes à réfléchir à ces trois questions, dont voici la toute première :

1. Quel métier votre entreprise exerce-t-elle réellement?

On a tendance à réduire le champ du métier que l'on exerce. Wang, installé à Lowell dans l'Etat du Massachussetts aux Etats-Unis, se définissait comme un fabricant d'ordinateurs de traitement de texte, sans en qualifier les objectifs. Si la société s'était définie comme une entreprise destinée à l'augmentation de sa productivité dans la bureautique, alors peut-être aurait-elle compris la folie qu'il y avait à fabriquer un ordinateur limité au traitement de texte. La leçon à en tirer est qu'il ne faut jamais confondre objectif immédiat et vision à court terme.

E x e r c i c e

La société Lego fabrique des briques de jeu de construction de couleur pour les enfants. A quel univers Lego appartient-il?

a. Les jouets

b. Les matières plastiques

c. La puériculture

d. Le bâtiment

Paradoxalement, la société Honda n'est pas spécialisée dans les deux-roues, voitures, tondeuses à gazon, ou générateurs qu'elle fabrique.

Son métier, ce sont les moteurs, et son exceptionnelle compétence, c'est de transformer du carburant en chevaux fiscaux.

2. Comment voyez-vous votre entreprise dans cinq, dix, vingt et cinquante ans?

Une autre tendance veut que l'on se définisse sur une période de temps trop courte. Honda introduisit sa première moto aux Etats-Unis en 1959. Vingt-sept ans plus tard, elle y introduit les modèles Acura de voitures de luxe. Pour passer de la motocyclette à la voiture de luxe, il faut réfléchir sur le long terme.

Analysons un exemple diamétralement opposé : entre 1830 et 1890, la récolte de la glace, aussi étrange que cela puisse paraître, représentait une activité fort lucrative, en particulier en Nouvelle-Angleterre. Cela consistait à découper et à vendre la glace des étangs qui avaient gelé. En 1886, la plus importante récolte de glace jamais effectuée s'éleva à 25 millions de tonnes.

A partir des années vingt, presque toutes les sociétés qui récoltaient la glace firent faillite. L'invention d'usines capables de fabriquer de la glace, n'importe où et à n'importe quelle saison, avait tué la profession. Par la suite, ces usines spécialisées ont elles-mêmes été tuées par l'équipement de chaque foyer en réfrigérateurs.

3. Si un client potentiel n'achète pas chez vous, chez qui va-t-il s'approvisionner?

Après vous être posé la question de savoir ce que vous voulez faire, puis celle de savoir où vous comptez vous installer pour le faire, étudiez bien le marché. Wang estimait être en concurrence avec d'autres fabricants de traitements de texte, comme NBI*, mais si Wang avait interrogé

---

* Voici une anecdote qui ne se rapporte pas directement à nos efforts destinés à affoler nos concurrents : il existe une société américaine qui s'appelait NBI (Nothing But Initials = Rien que des initiales). Elle a disparu, ce qui est symbolique du monde professionnel impitoyable qui ne permet pas que l'on se moque des clients, ne serait-ce qu'à travers la dénomination de la raison sociale.

ses clients, ceux-ci auraient probablement dit qu'ils achetaient des ordinateurs assortis de logiciels de traitement de texte et non des traitements de texte purs et simples. Si Wang avait prêté attention à cette tendance et réagi à temps, elle serait encore efficacement présente.

Exercice

Faites un résumé d'une page sur votre entreprise en la décrivant comme un individu qui pose sa candidature à un emploi. Mentionnez son expérience, sa formation, ses réalisations et ses références.

Définissez vos produits et services

L'étape suivante sur la route de la connaissance de soi-même concerne la définition de votre produit ou service. Cet exercice vous permet de procéder par recoupement. Analysez non seulement votre branche d'activité mais le besoin auquel elle répond, cela permet de véritablement comprendre votre produit en vous donnant ainsi la possibilité de créer de nouveaux marchés ou de pénétrer des marchés existants. Revenons à Honda dont la spécificité réside dans les moteurs : ce qu'elle produit transforme le carburant en puissance mécanique. Mais quel bénéfice ses deux-roues procurent-elles aux acheteurs? Autrement dit, que signifie exactement le fait d'avoir une motocyclette à soi?

Pour beaucoup, la moto est synonyme de plaisir, de liberté.

On n'achète pas une moto spécialement pour se déplacer, on fait de la moto pour s'exprimer. Pourvu qu'elle soit dessinée et promotionnée de façon appropriée, la moto peut donc attirer les jeunes cadres et les étudiants qui dépassent la clientèle traditionnelle des motards.

Sur ce constat, Honda a créé un marché de toutes pièces en fabriquant un type nouveau de véhicule : sympa, branché – illustrant à la perfection cette vérité selon laquelle lorsqu'on connaît parfaitement son produit, on peut le lancer sur le marché de manière nouvelle, plus efficace et parfois inattendue.

Mes copains de Dialog Information Services (une société pourvoyeuse de données sur réseau, qui permet à tout un chacun d'accéder à une foule de renseignements) sont un exemple de potentiel pour ainsi dire illimité. On pourrait penser que cette entreprise a une cible bien étroite, limitée à un petit marché institutionnel de bibliothèques. Dans ce cas, elle sous-estime son marché car les auteurs (comme moi) utilisent Dialog pour faire des recherches et se documenter. Les entrepreneurs, eux, vérifient des données et des bilans, quant aux scientifiques, ils peuvent, grâce à eux, avoir accès à leurs revues spécialisées...

Définir son produit ou son service est un exercice qui nécessite de la concentration, alors prenez votre temps pour répondre à ces questions :

■ Quels bénéfices votre produit ou votre service procurent-ils vraiment?

■ Quelles sont les raisons les plus importantes pour lesquelles vos meilleurs clients achètent chez vous?

■ Comment votre produit est-il positionné sur le marché – haut de gamme, bas de gamme – jouit-il d'un prix d'appel?

■ Si un client potentiel n'achète pas votre produit ou votre service, qu'achète-t-il?

■ Vos clients achètent-ils vos produits pour des usages auxquels vous n'aviez pas pensé? Y a-t-il là une opportunité à saisir?

Exercice

Prenez une feuille de papier et tracez une ligne verticale au milieu. Côté gauche, écrivez les six caractéristiques principales de votre produit. Côté droit, écrivez, pour chacune des caractéristiques, ce que vous répondriez à un client potentiel qui vous dirait : « Quoi d'autre * ? »

Déterminez votre positionnement et votre style de management

L'étape finale sur le chemin de la connaissance de sa marque consiste à examiner le positionnement et le style de son management – pour savoir comment inquiéter ses concurrents.

■ Lequel des styles de management décrits ci-dessous correspond le mieux à votre société?

L'autosatisfaction managériale

Les managers satisfaits ont déjà décroché le cocotier. leurs activités résident la plupart du temps dans des branches qui ne sont pas nouvelles. Ils ont mis de côté leur dynamisme; leurs faits d'armes sont derrière eux. Le processus de décision fonctionne de haut en bas, le plus souvent, il est autoritaire. Ils restent sur la défensive – préoccupés qu'ils sont de conserver leur poste, leur revenus et leur réputation.

* Inspiré par Hal Pawluk de The Pawluk Group, Inc., de Los Angeles, Californie.

Les satisfaits sont justement ceux qui craignent qu'on les inquiète et qui n'ont aucune envie d'inquiéter les autres. Dans ces conditions, ils sont mal placés pour bouleverser le marché – à vrai dire, ils espèrent surtout préserver un statu quo.

Les leaders

Les leaders ont récemment pris la tête de leur secteur, grâce à la qualité de leurs produits, leurs techniques promotionnelles et leurs services à la clientèle. Il y a, en général, deux ou trois leaders par branche. La prise de décision est concentrée à l'échelon des directions intermédiaires. Ils utilisent des tactiques défensives pour protéger leur leadership liées à des tactiques offensives pour durer.

Les leaders sont bien positionnés pour affoler leurs concurrents parce qu'ils possèdent l'agressivité requise et les ressources pour agir. Les leaders font également d'excellents « adversaires de taille » parce qu'ils acculent leurs concurrents à la performance.

Les parvenus

Les parvenus sont des entreprises récentes qui brûlent de rejoindre les leaders. Ce sont des agresseurs actifs et opportunistes qui mènent un combat systématique contre les leaders. Ils gagnent lorsque les leaders perdent, et ils perdent lorsque les leaders gagnent. Ils citent souvent leurs ennemis dans leurs campagnes de marketing*. Le processus de décision est, en général, concentré entre les mains d'un fondateur ou d'un petit groupe d'employés.

Les parvenus sont excellents dans le harcèlement de leurs concurrents. Leur manque de ressources face aux leaders est compensé par un

---

* En France, la publicité comparative est interdite, elle bat son plein aux Etats-Unis où l'on étale les « moins » de la concurrence avec délectation.

zèle et une agressivité supplémentaires. Ils ont tout intérêt à bouleverser le marché, car le statu quo favorise les leaders et les satisfaits. Ils ne font pas de bons ennemis car ils n'ont pas grand-chose à perdre et que tous les coups sont permis.

Les guerrilleros

Les guerrilleros gèrent de petites sociétés marginales, qui survivent à coups de séduction envers la clientèle. Ils sont offensifs parce qu'ils n'ont rien à perdre. Les décisions se prennent à chaud, et les succès remportés tiennent à leur persévérance.

Les guerrilleros ne savent que perturber le marché et affoler leurs concurrents, et c'est d'ailleurs peut-être leur unique objectif. Quand les guerrilleros atteignent une taille suffisante, ils sont parfois assez forts pour tenir tête aux parvenus, aux leaders et aux satisfaits.

Exercice

Prenez une feuille de papier et faites le portrait de votre société avec une légende d'une ligne. Demandez à vos collègues de faire de même. Comparez.

Mise en garde

Ce récapitulatif sur les styles d'entreprises implique que l'entreprise étudiée se cantonne à un seul type de management. C'est rarement le cas. Les satisfaits peuvent se transformer en leaders, en parvenus ou en guerilleros. Lorsque Honda bouleversa le marché américain de l'automobile, il passa du style guerillero au style parvenu pour devenir leader jusqu'à ce que les constructeurs américains se réveillent vers la fin des années quatre-vingts et bouleversent à leur tour le marché de l'automobile. En concurrençant efficacement Honda, ils réussirent à faire basculer l'opinion des consommateurs qui jusque là avaient décrété que les voitures japonaises étaient géniales et les voitures américaines nulles.

A l'intérieur même d'une entreprise, plusieurs départements peuvent avoir des styles de management différents : le département chargé de l'innovation peut très bien adopter le style guerrillero, alors que le reste de l'entreprise est géré à l'autosatisfaction.

Testez votre réflexion à l'extérieur

La plus grande partie de ce chapitre tourne autour de l'auto-analyse et de l'auto-examen. Cependant, la contemplation de son propre nombril peut conduire à des conclusions étranges. C'est pourquoi la dernière étape de notre processus visant à se connaître soi-même sera de soumettre le résultat de votre réflexion à l'épreuve de l'extérieur. Voici les quatre étapes pour y parvenir :

1. Faites la liste des cinq raisons principales pour lesquelles vos clients achètent chez vous.

2. Répertoriez vos meilleurs clients en consultant vos dossiers de vente ou de comptabilité.

3. Invitez à déjeuner vos dix meilleurs clients (un seul à la fois !) et demandez-leur pourquoi ils achètent chez vous.

4. Comparez votre liste avec les réponses de vos clients.

Si vous n'obtenez pas au moins une réponse qui vous surprenne de la part de chacun de vos clients, je veux bien vous inviter à déjeuner.

Mieux encore, si c'est possible :

1. Faites la liste des cinq motifs principaux pour lesquels des clients potentiels n'achètent pas chez vous.

2. Invitez à déjeuner dix de vos clients potentiels et demandez-leur pourquoi ils n'achètent pas chez vous.

3. Comparez votre liste avec les réponses de vos clients potentiels.

Si vous n'obtenez pas au moins deux réponses qui vous surprennent par client potentiel, je veux bien encore vous inviter à déjeuner !

Interview : Chin-Ning Chu

De temps à autre, j'introduis des interviews d'experts dans ce livre. La première personne interviewée sera Chin-Ning Chu. Je lui ai demandé son aide afin de pouvoir mieux vous faire comprendre la quintessence du processus que nous exposons dans ce chapitre, parce que se connaître soi-même relève de la philosophie orientale.

Chin-Ning Chu est née en Chine continentale et a émigré à Taïwan en 1949 à l'âge de trois ans, après que la Chine fut tombée sous l'emprise communiste. Elle quitta Taïwan à l'âge de vingt-deux ans pour vivre aux USA…

Chu est consultante en management et conférencière. Pour les Asiatiques, elle est une interprète des Américains. Pour les Américains, elle possède la sagesse des Orientaux. Elle a écrit trois ouvrages : *Les Jeux de la pensée chinoise*, *Les Jeux de la pensée asiatique* et, plus récemment, *Le Chemin pour gagner et réussir*. Ce dernier livre fit sa réputation et devint un best-seller dans plusieurs pays d'Asie.

L'impassibilité, dans l'esprit de Chu, est liée à « une image positive de soi-même en dépit des critiques des autres » qui permet à tout un chacun de « mettre de côté le doute sur soi-même ». Un « cœur de pierre » traite de la capacité à agir sans se préoccuper des conséquences pour les autres. Un cœur de pierre est sans scrupules, mais pas nécessairement mauvais.

Q : Comment est-on amené au « connais-toi toi-même » ?

Il faut d'abord en éprouver le désir. Il faut que vous soyez conscient du fait que se connaître soi-même est essentiel à un bien-être mental, spirituel et financier. Ensuite, il faut être capable et décidé à analyser la moindre de vos réactions.

Vous devez être votre propre détective sur vous-même et vous demander : « Pourquoi me suis-je comporté ainsi? Est-ce bon ou mauvais? Vous finirez ainsi par trouver une logique à votre comportement. Se connaître soi-même est difficile parce que personne d'autre ne peut le faire mieux que soi.

Il existe une autre manière d'apprendre à se connaître, c'est de plonger au plus profond de soi. Lorsque vous plongez profondément en vous-même, vous décidez naturellement les choses. Par exemple, si j'avais à lire un livre sur la manière d'écrire un livre, je ne pourrais probablement pas le finir. Lorsque je vais au fond de moi, j'y arrive parce que je ne suis pas préoccupée par le mécanisme de l'écriture.

Q : Qu'est-ce que cela a à voir avec les affaires ?

Si des connaissances techniques sont indispensables, cela ne suffit pas pour réussir. La plupart des serveurs de restaurant, par exemple, ne voient dans leur métier que la simple obligation de poser de la nourriture sur la table du client. C'est la partie technique : prendre la commande, apporter la nourriture au client, et le faire bien. Mais en fait, ce n'est pas ça leur boulot. Leur boulot, c'est de satisfaire le client*.

---

* Souvenez-vous de la discussion que nous avons eue à propos du fait qu'il ne fallait pas définir son activité de façon trop restrictive.

Les règles et la technique sont une excellente chose, mais il arrive un moment où vous devez aller au-delà des règles et des formules parce que peu importe votre habileté, vous ne serez jamais meilleur que les gens qui ont défini les normes qu'ils vous ont demandé d'appliquer. Lorsque vous plongez en vous-même, vous découvrez que vous pouvez être le meilleur.

Q : Imaginez que vous soyez quelqu'un de médiocre et de paresseux...

Vous n'avez aucun désir de vous connaître. Bien sûr, puisqu'il faudrait le reconnaître !

Q : Quel lien faire entre votre concept de cœur de pierre et le fait de se connaître soi-même ?

Cœur de pierre signifie que votre carapace est telle que vous pouvez faire ce que vous voulez – rien ne peut vous atteindre. Devenir un cœur de pierre se fait en trois étapes. La première consiste à gagner à tout prix. La deuxième consiste à prendre conscience que le succès a un petit goût amer, et à se préparer à faire un voyage à l'intérieur de soi-même.

Le problème du « connais-toi toi-même » est que vous allez découvrir que vous ne vous aimez pas beaucoup. Quand vous vous regardez superficiellement, vous vous trouvez formidable. Quand vous commencez à plonger en vous-même, vous réalisez qu'il s'agit d'un processus très pénible qui nécessite beaucoup de courage. Tout le monde n'est pas disposé à le faire parce que l'ignorance préserve des désillusions. Pourtant, la connaissance de soi rend plus fort.

La troisième étape, c'est ce que j'appellerais le stade du guerrier. Quand on parvient au troisième stade, on s'aperçoit que la nécessité de gagner sa vie et le fait de la sublimer ne sont pas contradictoires et que la vie de l'esprit et la vie de tous les jours doivent s'imbriquer.

Un homme d'affaires qui se respecte, un scientifique, un artiste, un chanteur, ou un maçon – qui que ce soit de compétent dans son domaine – comprend cela. Un jour, Socrate vit son père, un tailleur de pierre, sculpter un lion et lui demanda : « *Comment fais-tu?* » Son père lui répondit : « *Tu dois voir le lion dans la pierre. Le lion y est déjà; c'est à toi de te libérer.* »

La question du « comment fais-tu » dépasse la technique du tailleur de pierre. Il s'agit de faire jouer une sorte de sixième sens, fait d'esprit et d'intuition à la fois, que vous allez acquérir par la connaissance de vous-même. Lorsque vous vous engagez dans ce processus, les choses s'éclairent. Plus vous êtes amené à vous connaître vous-même, plus vous êtes amené à connaître le monde et à savoir où se trouve votre vraie place.

Q : Comment éviter de rester englué à un stade primaire ?

Vous ne pouvez pas trouver vous-même la parade. D'une manière ou d'une autre, il faut que vous soyez touché par la grâce. Lorsque vous êtes dans le noir, il faut bien que quelqu'un soulève le voile et laisse entrer la lumière. Il faut une intervention divine pour que de grandes ou d'horribles choses vous arrivent, et c'est ce qui doit vous pousser à chercher des réponses et à regarder en vous-même, de façon que chaque coup du sort soit l'occasion pour vous de vous connaître mieux. C'est peut-être la voie qu'a choisie le divin pour vous dire que vous ne faites pas les choses comme il faut, et que par conséquent, votre vie n'est pas vraiment réussie.

Q : Il semble que posséder un cœur de pierre implique qu'on ait l'instinct du tueur. Comment acquiert-on l'instinct du tueur ?

L'instinct du tueur s'acquiert lorsqu'on a le cœur prêt à faire ça (elle fait le geste de sabrer), comme le chirurgien qui se saisit du bistouri et commence à tailler dans la chair. Il faut que ce soit très rapide, très précis, et ne pas avoir la main qui tremble. Si vous tendez un bistouri à un étudiant en médecine, il va avoir un petit pincement au cœur. Il faut un peu d'entraînement pour acquérir l'instinct du tueur.

Si vous sentez que vous hésitez, centrez-vous sur vous-même – rentrez en vous, au plus profond, au plus fort, au plus immuable de vousmême. Une fois que vous y êtes, alors il est temps de vous attaquer à cette chose que vous n'avez pas vraiment envie de faire. En agissant ainsi, vous finirez par atteindre ce point crucial d'où émanent toutes nos actions.

L'instinct du tueur nécessite de garder les yeux bien ouverts sur l'objectif, parce que si l'objectif est supérieur à votre propre peur, vous pourrez surmonter l'obstacle. L'instinct du tueur ne fonctionne pas seul. L'instinct du tueur doit toujours aller de pair avec l'amour du dharma : la vertu de votre cause. Vous devez faire quelque chose qui en vaille vraiment la peine.

Q : Quel rôle joue la colère ?

Si vous êtes capable de provoquer l'émotion chez l'ennemi, il va perdre son jugement et ses repères sur le champ de bataille. Il va donc commettre une erreur. Chacun a le sentiment de son importance et si vous parvenez à entamer ce sentiment chez l'ennemi, il va se mettre à commettre des erreurs pour essayer d'affirmer son importance car c'est son ego que vous mettez en cause.

Sur le principe, vous pouvez provoquer votre propre colère et celle de vos collaborateurs pour vous améliorer. La colère est tantôt destructive, tantôt constructive. Parfois votre échec vous met tellement en colère que cela peut être un tremplin vers le progrès.

Q : Et si au lieu d'affoler l'ennemi vous le rendiez meilleur ?

Il est indispensable de bien maîtriser votre stratégie car elle peut aussi se retourner contre vous. Aucune stratégie n'est bonne si elle est élaborée sous l'emprise de la peur et de l'avidité au lieu de l'être dans le calme et la lucidité.

En fin de compte, vous n'êtes pas en concurrence avec les autres, mais avec vous-même, pour votre propre perfection. Si vous êtes en concurrence avec les autres, c'est peut-être que vous ne visez pas assez haut. En effet, lorsque vous entrez en concurrence avec quelqu'un, il vous suffit d'être aussi bon ou meilleur que ce seul individu. Alors que si vous entrez en compétition avec vous-même, il n'y a plus de limites à votre excellence. Lorsque vous vous battez contre quelqu'un, il y a toujours une limite. Lorsque vous vous battez contre vous-même, il n'y a que la mort qui y mette fin.

Balayer les idées reçues, sortir des sentiers battus, comparer des situations qui ne sont pas comparables; il faut pour cela la modestie qui consiste à ne pas utiliser de références, la fraîcheur de l'enthousiasme et la confiance en soi que seule permet parfois l'ignorance.

Partir de zéro, remettre en cause le sacro-saint produit, regarder ailleurs, penser comme le client et non pas pour lui.

Sophie de Menthon

Chapitre 3

Apprends à connaître ton client

« Etablissez les faits d'abord, ensuite vous serez libre de les déformer autant que vous le voudrez. »

Mark Twain.

Mettez votre client sur le gril

Quel objet associez-vous à l'expression « barbecue de plein air »? Probablement une vilaine boîte noire en fer associée à un réservoir de propane. Que pensez-vous lorsque l'on vous dit : « gril électrique »? Probablement un gril qui ne peut pas atteindre la température suffisante pour griller et dorer ce que vous êtes en train de faire cuire...

En 1993, la société Thermos de Schaumburg (Illinois), mit sur le marché un produit qu'elle dénomma Thermal Electric Grill (gril thermique électrique) et qui combinait la capacité des grils à charbon et à gaz d'atteindre des températures élevées à la maniabilité des grils électriques. Il bouleversa alors le marché dominé jusqu'alors par Weber and Char-Broil.

Avant que Thermos ne crée un type nouveau de gril, la société effectua un nombre considérable d'études de marché sur les barbecues afin de faire connaissance avec ses clients. Le reporter Brian Dumaine décrit le processus dans un article publié dans le magazine *Fortune*[1]. La première étape consistait à aller sur le terrain pour faire des interviews, étudier des groupes d'utilisateurs et filmer en vidéo des consommateurs en train de manipuler des grils. Thermos en tira les constats suivants :

— les gens en avaient assez de la saleté occasionnée par le charbon de bois et de la corvée qui consistait à remplir régulièrement les réservoirs de propane ;

— les gens voulaient avoir un barbecue plus esthétique en harmonie avec la décoration de leur jardin ou de leur terrasse ;

— les gens habitant des appartements ou des maisons en ville avaient des balcons trop petits pour pouvoir utiliser les grils de taille habituelle ;

— les règles de sécurité de copropriété interdisaient souvent aux résidents d'appartements et de maisons de ville d'utiliser des barbecues au gaz ou au charbon de bois ;

— dans certaines régions des Etats-Unis comme la Californie, les carburants liquides sont interdits pour cause de pollution.

En conclusion, les clients avaient besoin d'un type de barbecue radicalement différent, chauffant suffisamment pour bien griller la viande, mais sans utiliser de gaz ni de charbon de bois. Par ailleurs, il fallait revoir le design et le rendre conforme au goût du jour.

Si la société Thermos ne s'était pas attachée à bien connaître ses clients, les concepteurs auraient probablement sorti un nouveau gros barbecue noir, un de plus. Au lieu de quoi ils avaient bien fait leur travail, et lancé un nouveau produit à la fois compact, esthétique et capable d'atteindre la température élevée souhaitée.

Tout comme Honda avait appris à se connaître avant de pouvoir exploiter pleinement sa science des moteurs, Thermos se servait de sa maîtrise de l'isolation et du transfert de chaleur pour fabriquer des grils à haute température. Les efforts déployés par Thermos ne sont pas passés inaperçus et une forte demande pour des grils électriques est apparue dans un marché traditionnellement dominé par les grils à gaz et à charbon de bois. Les ventes de Thermos s'accrurent de 13 % environ en 1993. Les concurrents de Thermos se virent contraints de sortir eux-mêmes des grils électriques à haute température.

Exercice

Laquelle de ces deux affirmations correspond le mieux à ce que vous pensez?

a. L'étude de marché est un processus qui consiste à estimer le potentiel du marché à l'intention des financiers.

b. L'étude de marché est un processus qui consiste à déterminer les impératifs techniques du produit à l'intention des ingénieurs.

Identifiez vos clients

Contrairement à l'art de se connaître soi-même, l'art de connaître son client demande bien plus que de fermer sa porte pour réfléchir. Il faut aller sur le terrain et serrer des mains. Voici le type d'informations qu'il vous faut pour connaître vos clients.

■ Qui utilise et qui achète votre produit?

Lorsque les concepteurs de Thermos se sont rendus sur le terrain, ils ont découvert que le stéréotype de l'homme de la maison qui s'occupe du barbecue était faux. De plus en plus de femmes participaient et elles n'attendaient pas toutes la même chose de ces produits.

Les femmes supportent mal la saleté du charbon de bois et la difficulté d'avoir à enlever et remettre les réservoirs de propane. C'est en les interrogeant que les problèmes liés à la saleté et au manque de facilité d'emploi ont été mis en avant.

Il est également essentiel de déterminer qui achète véritablement votre produit autant que de savoir qui l'utilise. C'est bien le petit enfant qui tient à peine sur ses jambes qui jouera avec un jouet mais ce sont ses parents qui vont l'acheter. L'emballage qui mentionne « jouet éducatif! » (ou « incassable! ») est donc primordial.

■ Comment vos produits sont-ils utilisés par le client?

Les gens de Thermos ont constaté qu'un pourcentage élevé de grils étaient utilisés sur des balcons et que de nombreux propriétaires de maisons individuelles ne voulaient pas que les grils déparent leur terrasse.

C'est de cette observation qu'est né le principe d'une forme compacte et attrayante.

C'est ainsi, par exemple, que l'équipe de Thermos a conçu un gril à trois pieds au lieu des quatre habituels afin qu'il puisse s'encastrer dans les angles des balcons [2].

■ Les lois, les réglementations, ou l'évolution des mentalités modifient-ils votre marché?

Lorsque l'équipe de Thermos a découvert que, dans certaines parties des Etats-Unis, il était interdit d'utiliser des combustibles liquides pour amorcer le feu, elle s'est rendu compte que les grils à charbon de bois étaient probablement devenus plus difficiles à allumer. Le consommateur était moins enclin à acheter des barbecues qui dégageaient de la fumée à cause de l'impact sur l'environnement.

Ce genre de lois et de préoccupations sur l'environnement donnaient la priorité au gril électrique sur les grils à gaz et à charbon de bois. Parallèlement, l'équipe a aussi découvert que les gens étaient mécontents des grils électriques existants, parce que ces articles ne pouvaient atteindre une température suffisamment élevée. Le nouveau modèle a donc été conçu pour obtenir une température deux fois plus forte que celle de la plupart des grils électriques concurrents[3].

De l'art de serrer des mains

R ien n'est fantaisiste, ni dispendieux, ou sophistiqué dans le processus qui vous conduit à connaître vos clients. 90 % du processus est fait de la volonté d'écouter vos clients. Les 10 % restants consistent à serrer des mains – à établir le contact avec les gens. Il y a quatre manières d'établir le contact avec les gens : 1) envoyer l'équipe ad hoc, 2) impliquer son entreprise, 3) ouvrir une ligne de réception d'appels réservée aux clients, 4) adopter une approche scientifique.

L'équipe ad hoc

L'exemple de Thermos illustre une des façons d'apprendre à connaître votre client : celle qui consiste à former une équipe et l'envoyer sur le terrain à la rencontre des clients. L'équipe de concepteurs de Thermos était ad hoc : elle avait un objectif spécifique – créer un nouveau gril – et travaillait uniquement à cet objectif à court terme.

L'avantage de cette méthode est qu'elle vous permet de résoudre rapidement de gros problèmes car il existe un objectif précis : aller sur le terrain et recueillir l'information que vous souhaitez. Vous revenez, vous concevez le produit, le fabriquez, le testez, le modifiez et le commercialisez. Cette méthode assure la fiabilité de l'information car ceux qui vont mettre au point le produit sont ceux qui ont rencontré les clients.

Le reproche que l'on peut faire à cette méthode, c'est son manque d'anticipation. Il s'agit d'une tentative de combler le fossé qui s'est creusé entre la clientèle et le produit, un effort héroïque de « renouer avec le client ». La situation n'aurait pas dû se détériorer jusqu'à imposer des solutions radicales qui s'avèrent nécessaires.

L'implication de l'entreprise

Nous avons examiné le cas de Honda qui a débuté avec des scooters avant de passer aux motos, puis aux voitures. Une grande victime du succès des motos Honda aux Etats-Unis a été Harley-Davidson, le constructeur américain de motos basé à Milwaukee dans le Wisconsin. Mais les coups durs ne suppriment pas un concurrent et Harley-Davidson a fait un come back époustouflant, réagissant en même temps que d'autres marques de motos japonaises dans les années soixante-dix.

Une des raisons du succès de ce rétablissement fut la décision de l'entreprise de s'impliquer à tous les niveaux, de façon à véritablement comprendre la mentalité des clients. De la réceptionniste jusqu'à Willie G. Davidson, le vice-président de la ligne Harley-Davidson, tous les employés assistant aux rallyes motos se mêlaient aux clients et notaient en direct les réactions par rapport à la marque[4].

Chaque acheteur d'une Harley se voit offrir un abonnement d'un an au Harley Owners Group (HOG*), le club des propriétaires de Harley. Etre membre du HOG donne droit à recevoir *Hog Tales**, la revue bimensuelle, vendue par souscription, ainsi qu'à d'autres avantages tels que l'admission aux journées portes ouvertes de l'entreprise, la possibilité de participer aux rallyes locaux et nationaux, ainsi qu'aux activités privées de HOG au cours desquelles les collaborateurs de Harley-Davidson peuvent entretenir des relations amicales avec les clients[5].

---

* (HOG signifie « porc, pourceau » en américain, Hog Tales pourrait se traduire, entre autres, par « contes des gros vilains cochons »).

Le gros avantage de cette implication maximale, à tous les niveaux, est de maintenir un contact étroit avec le client. On ne risque pas ainsi de se faire surprendre par des changements de mode ou par un produit concurrent. Il se crée ainsi un lien entre l'entreprise et ses clients, ce qui rend la partie plus difficile à la concurrence.

Mais faites attention, car les clients dont vous êtes proches vont rarement vous avouer des choses désagréables – tout comme les gens hésitent à dire à un ami intime qu'il se trompe. Pour combattre cela, réunissez une sorte de table ronde au cours de laquelle plusieurs clients pourront vous donner leurs impressions.

Exercice

Demandez à votre société s'il existe une organisation quelconque, (club ou groupe d'utilisateurs), destinée aux clients. Laquelle de ces affirmations correspond le mieux à votre expérience?

a. Je ne pensais pas que nous étions aussi bons.

b. Je ne pensais pas que nous étions aussi mauvais.

c. Mais pourquoi donc est-ce que je travaille pour cette société?

d. Je suis content d'avoir fait cet exercice avant mon patron.

La ligne permanente de réception d'appels

Un autre système vous permet de connaître votre client. Il consiste à ouvrir une ligne d'écoute permanente de façon à ce que les clients puissent aisément vous contacter. General Electric, par exemple, a ouvert le GE Answer Center (téléphone : 800-626-2000), un numéro vert disponible

24 heures sur 24, où des représentants de la société répondent à toutes les questions *.

« 25 % des appels que reçoit le service proviennent de gens qui veulent acheter. Les 75 % restants sont des appels de clients de GE qui ont besoin de renseignements sur la maintenance et la réparation. GE a ouvert le Service consommateurs pour humaniser GE et pour permettre à cette grande entreprise et à son énorme bureaucratie de réagir comme si c'était une petite société », déclare Bill Waers, le directeur de la plate-forme de réception d'appels.

Tous les représentants du centre sont entraînés à répondre aux questions habituelles sur les produits GE. De plus, un petit effectif d'anciens techniciens de terrain répond aux questions techniques. Dans certains cas, ils assistent les clients qui veulent effectuer eux-mêmes les réparations.

GE médiatise son numéro vert, le fait paraître dans l'annuaire, le fait connaître dans les expositions commerciales, à la télévision et dans la presse. Les plaintes des clients, leurs préoccupations, leurs suggestions sont enregistrées et réparties vers les directions concernées.

Un des avantages de cette réception d'appels est qu'il permet de connaître le client potentiel – en même temps que les clients déjà acquis.

L'approche scientifique

La quatrième façon de connaître votre client réside dans une approche scientifique : audits, études d'experts ou groupes de consommateurs. Northstar-At-Tahoe, la société qui gère la station de ski du même nom, a donné à chaque membre de son club de ski un bracelet muni d'une puce électronique. Lorsque le skieur touche avec son bracelet le scanner installé à cet effet, un ordinateur le suit à la trace et calcule

---

* Helen Gracon, une des personnes chargées de tester ce livre, avait un problème avec son four au moment où elle lisait ce chapitre, et elle a décidé de prendre contact avec le Service consommateurs. Elle a appelé à 10 h 30 du matin, un samedi, et le sérieux de la réponse apportée, valait, selon elle, 20 sur 20.

son parcours : l'altitude de départ et l'altitude d'arrivée sont enregistrées sous forme de points, comme les systèmes de fidélité des compagnies aériennes.

De cette manière, la station peut connaître à la fin de la saison le parcours, le moment, ainsi que la distance réalisée, de chacun de ses membres [*]. D'après Judy Daniels, la directrice des relations publiques, le programme stimule les clients qui cherchent à accumuler le plus de points pour obtenir des cadeaux qui vont d'une simple boisson à des leçons particulières, en passant par un réglage gratuit des skis... « *Nos clients amènent ainsi leurs amis pour gagner des points au lieu de skier chaque jour dans une station différente,* » déclare Judy Daniels.

Northstar utilise également les informations fournies par ce système pour faire des promotions spéciales, destinées à augmenter la fréquentation des pistes en période creuse. Par exemple, le mercredi, le jour le moins fréquenté, est un jour à points spéciaux [6].

En dépit de mon enthousiasme, je vous conseille de ne pas tomber amoureux de la technologie, sous peine d'une dépendance excessive envers le deus ex machina. On devient très vite obnubilé par la méthode au lieu de s'intéresser aux résultats. Avec un morceau de craie et un tableau noir, une entreprise réellement motivée peut apprendre à connaître ses clients et être aussi compétitive qu'une grosse entreprise qui dispose d'ordinateurs les plus sophistiqués du marché.

Révolution contre évolution

Retenez bien que le titre de ce chapitre est « Apprends à connaître ton client », et non pas « Apprends à écouter ton client ». Alors qu'il est important de savoir qui sont vos clients et ce qu'ils veulent, il peut s'avérer dangereux de faire ce qu'ils « disent ».

---

[*] Le membre du club qui, en 1993-1994, a totalisé le plus grand nombre de dénivelées est un homme de soixante-dix-sept ans. Il a accumulé 150 000 mètres de dénivelées.

Les clients sont toujours capables de dire ce qui ne va pas et ce qu'il faudrait faire. Mais ils sont notoirement incapables d'exprimer ce dont ils ont besoin lorsqu'ils sortent du cadre de leurs références habituelles. J'ai retenu cette leçon de mes passages chez Apple.

A l'époque, l'IBM PC équipé du logiciel MS-DOS était l'ordinateur le plus utilisé. Lorsque nous demandions aux gens ce qu'ils attendaient d'un nouveau modèle, ils répondaient par rapport aux ordinateurs qu'ils utilisaient déjà ou qu'ils avaient pu voir auparavant : une machine MS-DOS moins chère et plus rapide.

Ils étaient incapables de sortir du schéma et de formuler ce dont ils avaient réellement besoin pour être plus créatifs et plus productifs.

De même, si vous demandiez aujourd'hui aux utilisateurs de Macintosh ce qu'ils veulent, ils seraient incapables de formuler leurs besoins au-delà d'un Macintosh qui serait plus rapide et coûterait moins cher.

C'est donc à nous de connaître suffisamment bien nos clients pour aller au-delà des besoins qu'ils sont capables de formuler.

Evitons donc les excès du « marketing mania », qui font réagir sur chaque parole du client : évitez « d'analyser jusqu'à vous paralyser », car vous finirez par ne plus agir du tout.

Le niveau d'équilibre, selon Bill Meade, professeur de marketing à l'université du Missouri de Saint-Louis, est fonction de deux facteurs : votre compréhension des utilisateurs de votre produit et votre capacité à formuler les besoins non exprimés des clients. Lorsque Macintosh a été lancé, nous imaginions mal comment il serait utilisé. Bill Mead nous aurait alors dit que la meilleure façon de le savoir était tout bêtement de le mettre en circulation et de voir ce qui se passerait. Le tableau ci-dessous indique quel type de recherche peut pallier au mieux chaque niveau d'incertitude.

La leçon à tirer en l'occurrence est la suivante : apprenez à connaître suffisamment vos clients afin de satisfaire leurs besoins, même s'ils sont incapables de les exprimer. Ensuite, tâchez de les suivre de façon à connaître et à satisfaire le désir de nouveautés et les améliorations qu'ils réclament. En suivant le schéma, vous allez déclencher une révolution chez la concurrence et vous aurez de la matière pour tenir le choc.

Interview : David Kairys

David Kairys est avocat à Philadelphie. Pourtant, il n'a rien de « l'avocat de Philadelphie » tel qu'on se l'imagine. Il a pratiqué le droit pendant plus de vingt ans dans un petit cabinet d'avocats, et depuis cinq ans, il est professeur de droit constitutionnel à la Temple University School of Law. Il est l'auteur de nombreux articles juridiques, de chroniques dans les journaux et, tout récemment, il a publié deux livres : *With Liberty* et *Justice for Some**.

Kairys s'est attaqué aux affaires de discrimination, à la liberté de parole et aux manquements des autorités gouvernementales à la loi. Ses adversaires sont, en général, d'une puissance et d'une taille impressionnantes, tels que le FBI ou la municipalité de Philadelphie. Il a récemment plaidé avec succès contre le FBI sur un cas de harcèlement à caractère raciste. Il a défendu le docteur Benjamin Spock – le célèbre psychologue pour enfants – devant la Cour Suprême des Etats-Unis dans une affaire d'atteinte à la liberté de parole.

Ce fut également l'un des avocats de la défense dans un procès célèbre au début des années soixante-dix, qui concernait 28 manifestants opposés à la guerre du Viêt-nam. Ils avaient mené un raid contre le bureau d'incorporation de Camden dans le New Jersey et l'avaient saccagé. Ils étaient bel et bien les auteurs du crime, il n'y avait aucun doute là-dessus, pourtant le jury les a acquittés parce qu'il fut démontré que les autorités avaient encouragé leur action.

Le *Philadelphia Magazine* avait mis Kairys sur la liste des « avocats qui poussent les autres avocats à la boisson ». Le magazine le décrivait ainsi : « *Notre Saint Juste n'a jamais rencontré un seul cas désespéré qui ne l'ait intrigué. Il se sert de la loi pour combattre la municipalité, la bureaucratie et le capitalisme sauvage. Et un bon avocat, avec ça! Le chef de la petite bande des avocats défenseurs de la chose publique*[7]. »

---

* *Avec liberté; La Justice pour quelques-uns.*

Une interview démontre qu'il est essentiel de connaître son client, autant dans la salle d'un tribunal qu'en affaires, en voici un extrait.

Q : Comment avez-vous obtenu l'acquittement dans l'affaire des Camden 28 alors qu'on avait pris les coupables sur le fait ?

Le procès s'est déroulé sur trois plans qui étaient liés. Il fallait d'abord expliquer les raisons pour lesquelles ils étaient opposés à la guerre, informer le jury de cette guerre, et mettre l'accent sur le fait que les autorités, pour des raisons politiques, voulaient que ce raid ait lieu afin de les prendre en flagrant délit. Le FBI avait un informateur dans la bande qui fournissait les plans, le matériel et d'autres informations – qui ont permis que le coup réussisse – aux frais du contribuable. Une des raisons pour lesquelles nous avons été aussi efficaces est que les inculpés prenaient la parole pour se défendre et ne s'en remettaient pas uniquement à leurs avocats. Leur attitude était humaine, alors que les motivations du FBI et leurs agissements apparaissaient obscurs et abstraits.

Lorsque nous avons commencé à appliquer cette tactique, le juge n'était pas content, mais à mesure que le procès avançait – et il dura quatre mois – la lumière s'est faite. Nous étions décidés à ne pas jouer le jeu habituel. Certains de nos agissements ne sont pas coutumiers dans le milieu, mais le juré est mandaté pour décider si, oui ou non, un tel est un criminel et si, oui ou non, il mérite l'opprobre publique. La carte à jouer est donc celle du juré et si vous pouvez le convaincre que les inculpés ne sont pas véritablement des criminels et qu'il ne faut pas les considérer comme tels, ils ont tendance à acquitter. Dans notre cas, l'accusation a passé plus d'un mois à essayer de prouver que les inculpés avaient bien attaqué le bureau d'incorporation et détruit tous les dossiers. Nous avons tout de suite dit que tout cela était exact mais que là n'était pas la question. Ce qui a dérouté tout le monde.

Q : Comment déterminer qui sera un « bon client » ou un « bon juré » ?

Les jurés dans les procès très médiatisés connaissent parfaitement les éléments de leurs dossiers, et en général, ce qu'ils savent est très mauvais pour la défense. D'abord, la plupart des gens pensent que si la police arrête quelqu'un et que le juge d'instruction décide de sa mise en examen, c'est qu'il est coupable. Par ailleurs les gens pensent que si quelqu'un est innocent, celui ou celle qui a vraiment fait le coup va se lever à la fin et tout avouer. Or, je n'ai jamais assisté à un procès où quelqu'un se soit levé spontanément pour s'accuser.

Forts de cette certitude, nous nous sommes mis à faire un peu de recherche – autrement dit une « étude de marché ». Un sociologue inventif du nom de Jay Schulmann avait déjà mené une véritable « étude » pour le procureur de Harrisburg dans l'affaire des frères Berrigan. Ils étaient accusés par J. Edgar Hoover (le célébrissime chef du FBI de l'époque) d'avoir voulu faire sauter les tunnels de chauffage de Washington, et d'avoir tenté d'assassiner Henry Kissinger. Le parquet avait choisi que le procès se tienne à Harrisburg en Pennsylvanie, parce que cette ville avait la réputation d'être l'une des plus conservatrices du monde !

Les « trucs » que les avocats utilisent d'habitude pour repérer les « bons jurés » du premier coup d'œil – bons pour la défense – n'ont pas marché. Par exemple, lire le *New York Times* était considéré comme progressiste – ou du moins comme un signe d'ouverture aux arguments de la défense. Ce fut exactement le contraire : ceux qui lisaient le *New York Times* se révélèrent les plus farouches partisans de l'accusation. Nous avons persisté dans notre enquête et il est apparu que le *New York Times* était le seul journal disponible à Harrisburg qui publiait les cotations de la Bourse, et qu'il n'était lu que par les investisseurs, c'est-à-dire les plus conservateurs de la ville.

L'analyse montra également que les personnes qui n'avaient pas poursuivi leurs études après le bac étaient un peu plus ouvertes que celles qui avaient fait des études supérieures. On pourrait présumer que plus on est instruit, plus on est tolérant, c'est d'ailleurs pour cela que les avocats choisissent des jurés ayant fait des études supérieures. La plupart des gens qui étaient partis faire des études n'étaient jamais revenus à Harrisburg et les simples bacheliers, eux, venaient de tous les horizons, il y avait donc des progressistes parmi eux...

Mais le facteur décisif n'avait rien à voir avec ce que l'on pourrait appeler le progressisme ou le conservatisme. Nous recherchions des gens à l'esprit ouvert qui ne pensaient pas en termes d'autorité. Nous n'avions pas non plus l'intention de prendre des jurés qui rêvaient de voir exploser les tunnels de Washington. Nous voulions simplement des gens qui avouent une attitude sans parti pris au départ et qui se disaient simplement qu'il ne fallait pas accepter les preuves d'emblée et mettre leurs concitoyens en prison aussi facilement; des gens qui ne voulaient pas avoir peur de rentrer chez eux après avoir éventuellement voté l'acquittement.

Les avocats ont reçu une formation qui les incitent à penser que l'on gagne ou que l'on perd sur des faits juridiquement prouvés et des problèmes juridiquement résolus, alors qu'en réalité, c'est le jury qui prend la décision. Les avocats oublient cela régulièrement, et pourtant, ils savent que les jurys sont absolument imprévisibles, et que c'est pour cette raison que la plupart des procès trouvent leur dénouement hors du tribunal. Plus d'un avocat expérimenté a perdu un procès en étant certain que la partie était gagnée d'avance. Plus tard, lorsque nous parlons avec les jurés, nous découvrons parfois qu'ils se sont focalisés sur un détail insignifiant mentionné le premier jour, et qui pour eux est devenu le point clé. Les avocats ont peur des jurés !

Q : Tout comme les entreprises ont peur des clients ?

Absolument, et les gros cabinets d'avocats font partie de ceux qui ont le plus peur des jurys. Or, la plupart des membres des cabinets d'avocats les plus prestigieux n'ont jamais fait partie d'un jury !

Le jeune débutant qui doit suivre toutes les phases d'un procès, parce qu'il n'y a personne d'autre pour le faire, prend un gros avantage sur la partie adverse. Il est présent lors de toutes les dépositions, connaît chaque mot qui a été prononcé, garde en mémoire tous les détails, toutes les nuances. Laissez un avocat prendre les dépositions, alors qu'il n'a pas encore l'expérience des procès et qu'il ne sait pas poser les bonnes questions, et ensuite, laissez-le passer le dossier au ténor du barreau, celui-ci ne saura pas de quoi il retourne.

Q : Et l'autre « client », celui qu'on appelle le juge ?

Les professeurs de droit et la plupart des avocats pensent que le juge attend que vous lui prouviez que la loi et la jurisprudence sont de votre côté, et que vous lui en fassiez la démonstration avec, bien entendu, de sérieux arguments juridiques. Il est important de réussir à émouvoir le juge et de lui faire comprendre qu'une injustice va être commise. Si c'est le cas, même si vous n'êtes pas absolument inattaquable sur le chapitre de la théorie et du droit, vous pouvez gagner.

Les avocats parlent sans cesse des juges. Ils vous diront qu'untel est considéré comme un juge libéral en ce qui concerne les perquisitions, mais qu'il déteste les affaires où il est question d'armes à feu, et que si vous plaidez dans une affaire criminelle pour défendre une personne accusée de posséder une arme de gros calibre, vous n'avez aucune chance. Tout cela, les juges le savent pertinemment, et c'est alors la débandade du côté de la défense si les avocats s'en servent.

Il existe, bien sûr, des techniques plus sophistiquées : vous pouvez utiliser les réseaux de recherche informatisés tels que LEXIS et WESTLAW. Vous pouvez aussi compulser toute la littérature publiée sur un juge en particulier, pour analyser toutes ses décisions.

Vous devez apprendre à cerner le juge et à vous faire une idée de ce qui, pour lui, est important. Parfois, vous ne trouverez rien au départ, mais ensuite, vous vous rendrez compte, par exemple, que ce qui importe le plus aux yeux du juge, c'est que tous les démocrates du conseil municipal soient de votre côté, et de ce fait, votre principal axe de défense sera de le lui démontrer.

Q : Concrètement, comment aborder le point faible pendant le procès?

C'est à vous de jouer. C'est à vous de trouver quelque chose de convaincant. Si l'affaire a des implications électorales, vous tenterez de faire témoigner le président du conseil municipal. Vous ferez ce que l'on appelle une offre de preuve. Le juge peut estimer qu'elle n'a pas de raison d'être, il n'empêche qu'elle aura été entendue.

Q : Peut-on assimiler l'avocat qui plaide à un « vendeur »?

La performance de l'avocat à la barre a son importance, mais je pense que nous la surestimons. Nous éprouvons un sentiment d'intense satisfaction lorsque nous laissons bouche bée le témoin interrogé devant la Cour. Mais inversement, il peut arriver que, devant ce témoin complètement désemparé, le jury se prenne de pitié. Vous ne savez pas toujours l'effet que vous allez produire, et parfois il vaudrait mieux ne pas jouer de cette incertitude.

En tout état de cause, vous avez un gros travail de préparation à faire et vous avez intérêt à enquêter comme un fou. Trouvez une ouverture pour faire valoir votre point de vue : enquêtez sur tous ceux qui influeront sur la décision finale, et pensez à la stratégie que vous allez utiliser pour convaincre.

Pensez à votre adversaire. Que va-t-il faire? Comment allez-vous le contrer? Comment pourrait réagir votre adversaire si vous le poussez à vous aider (involontairement)? C'est le cœur de votre stratégie. Mais parmi toutes les stratégies gagnantes, je ne suis pas sûr que toute cette somme de plans et de calculs vaille plus que la substance même de ce qui se passe au procès. L'important est de comprendre comment ceux qui décident perçoivent ce qui est dit.

nne la mieux placée pour faire une recherche est celle qui en
les résultats pour prendre des décisions. Cette personne peut
et utiliser des nuances et éviter des pièges que d'autres ne
nt pas. Le décideur peut aussi bénéficier d'un effet de syner-
emple, alors qu'il est en train d'étudier les prix, il lui viendra
ne idée concernant l'installation d'un point de vente.

e la concurrence n'est pas forcément difficile ni nécessai-
teuse. Il suffit de pousser sa chaise, de monter dans une
un avion, et d'aller voir ce que font les concurrents. Le bon
ergie comptent plus que l'argent.

e à mettre sa fierté de côté. Walton admet volontiers avoir
t pour édifier Wal-Mart. Il admet avoir copié Price Club
lancé le Sam's Club. Quand vous avez une bonne idée,
vos propres besoins, mais sachez aussi que pour être un
ace, il faut savoir ce qu'il faut voler.

d'un petit magnétophone !

Exercice

ez-vous, pour la dernière fois, fait des
pénétré chez un de vos concurrents ?

---

sez l'identité de vos concurrents

très doué pour ce qui concerne l'étude de la concurrence.
qu'il fallait copier était probablement une seconde nature
pouvons-nous atteindre ce degré de compréhension ?

Q : Ainsi donc, dans un procès, l'important est de se concentrer sur les clients et de créer de bons produits – et non pas de « vendre » ?

Les jurés croient ce qu'ils croient, et ils comprennent à leur façon – que vous leur ayez expliqué l'affaire d'une façon incroyablement sophistiquée, ou qu'ils se soient faits leur propre opinion indépendamment de vous. Les notions les plus importantes qu'un avocat puisse faire passer sont, peut-être tout simplement, celles d'honnêteté et de probité – avec un zeste d'humour de temps à autre. Si vous êtes vous-même convaincu, les effets de manche n'auront qu'une importance très secondaire.

Notes

1. Brian Dumaine, *Payoff from the New Management*, Fortune, 13 December 1993, p. 103.

2. Karen E. Klages, *Simple Pleasures and Lovers of Comfort Win Big in Annual Good Design Competition*, Chicago Tribune, 22 May 1994, p. 3.

3. *Ibid.*

4. Stan Rapp and Thomas Collins, *Beyond MaxiMarketing : The New Power of Caring and Daring* (New York : Mc Graw-Hill, Inc., 1994), p. 96.

5. Peter Reid, *Well Made in America : Lessons from Harley-Davidson on Being the Best* (New York : McGraw-Hill Publishing Company, 1990), pp. 91-92, pp. 193-94.

6. « *Frequent-Skier Program Should Pay for Itself in First Two Years* », Colloquy 3, n° 4 (1992), 1, pp. 4-5.

7. Mike Marlowe et Sara Sklaroff, *The Philadelphia Lawyer – An Operator's Manual*, Philadelphia, November 1990, p. 104.

Chapitre 4

Apprends à connaître ton ennemi

« Nous étions plutôt sûrs de nous, jusqu'au jour où nous nous sommes aperçus que les Japonais vendaient des produits de qualité au prix coûtant des nôtres ».

Paul Allaire, président de Xerox.

A la rencontre de la concurrence

Un chapitre du livre de Sam Walton, *Made in America*, est intitulé « A la rencontre de la concurrence ». Dans ce chapitre, Walton, ex-président de Wal-Mart (le grand magasin qu'il a fondé à Bentonville dans l'Arkansas), explique comment il a concurrencé des chaînes de grands magasins comme Kmart ou Price Club.

Je suspecte Walton lorsqu'il parle de rencontre de vouloir en fait dire : *veni, vidi, vici**. Néanmoins, on peut effectivement dire qu'il a « rencontré » littéralement la concurrence pour se rendre compte de visu de ce

* *« Je suis venu, j'ai vu, j'ai vaincu ».* Jules César.

qu'elle faisait. Au début des années cinq[...] dit parler d'un nouveau concept comm[...] voyage en bus de l'Arkansas au Minnes[...] sins où ce concept était en vigueur[1].

Bien plus tard — et alors qu'il é[...] Walton continuait à arpenter fréquem[...] avec un magnétophone pour poser des [...] rait Kmart comme son laboratoire. A [...] cinq cents magasins, qui faisait un ch[...] dollars, alors que Wal-Mart faisait un [...] dollars avec sa soixantaine de magasi[...]

Pour apprendre le fonctionneme[...] en détail les magasins Price Club. Dans [...] des renseignements au magnétophon[...] dans un magasin Price Club, un emp[...] qu'il avait enregistré, l'utilisation des [...] rieur du magasin. Il fut donc contrain[...]

Sam Walton était pris « la mai[...] Sa société appliquait la même politi[...] mais il écrivit à Robert Price, le fils [...] Walton expliquait qu'il y avait sur la [...] pas Price Club, et qu'il aurait aim[...] Quelques jours plus tard, Walton [...] rien n'avait été effacé! Walton re[...] bien mieux qu'il ne le méritait.

Que pouvons-nous tirer [...] employées par Sam Walton?

■ L'étude de la concurrence [...] Ce n'est pas quelque chose [...] borateurs, le département [...] Dans de nombreuses sociét[...] concurrent (ou du client), [...] chie. Walton était le pdg, e[...]

■ La [...] exploi[...] ainsi [...] repéré[...] gie : p[...] peut-ê[...]

■ L'ét[...] remen[...] voiture[...] sens et [...]

■ Appr[...] copié K[...] lorsqu'i[...] adaptez [...] voleur e[...]

■ Se se[...]

Quand a[...]
courses [...]

Anal[...]

Walton ét[...] Savoir [...] chez lui. Comm[...]

D'abord par la minutie. La plupart du temps, nous concentrons nos efforts sur la comparaison d'articles, produit par produit. Or un produit qui semble idéal peut ne pas marcher tout simplement parce que les gens achètent pour des motifs qui n'ont pas été identifiés : la réputation de l'entreprise, le service qu'elle fournit à la clientèle, etc.

Cultivez votre intuition. De nombreuses sociétés ne s'intéressent qu'aux grandes entreprises. Elles ne considèrent pas comme concurrentes les sociétés plus grosses ou plus petites, ni celles qui appartiennent à des horizons inhabituels. Benjamin Gilad, professeur de management à l'université Rutgers, l'explique ainsi : « *Les grandes entreprises observent avec attention les grandes entreprises (qui, elles-mêmes, observent avec attention les grandes entreprises)* [2]. »

Exercice

Avez-vous déjà choisi un magasin qui pratique des prix plus élevés ou qui offre un choix plus limité, uniquement parce que vous savez qu'il sait faire de gros bénéfices ?

Ou encore : avez-vous déjà acheté dans un magasin qui pratique des prix plus élevés ou qui offre un choix plus limité parce qu'il rembourse sans difficulté en cas de problème ?

Avez-vous régulièrement fréquenté un restaurant parce que les toilettes étaient équipées de tables à langer (et que vous aviez un bébé !) ?

Avez-vous déjà choisi une carte de crédit parce qu'elle vous permettait d'accroître votre kilométrage dans le programme de fidélisation d'une compagnie aérienne ?

A son arrivée sur le marché américain, Honda a littéralement fonctionné au radar pour pénétrer le marché de l'industrie automobile américaine. Une bonne analyse de la concurrence implique l'examen de sa politique et de ses perspectives – à court, moyen et long terme. C'est alors seulement que nous prenons la mesure complète d'un concurrent.

Seule une analyse globale et complète permet d'identifier la concurrence actuelle et future. Ensuite, vous pourrez procéder à l'examen des grands principes et des détails pratiques qui régissent le fonctionnement de la concurrence. Ces grands principes nécessitent que vous vous posiez les questions suivantes :

■ Quels sont les buts, les objectifs de vos concurrents? Quelle est leur mission?

■ Vos concurrents sont-ils, selon eux, conduits par le marché, le produit ou le service qu'ils offrent?

■ Vos concurrents se considèrent-ils comme vos concurrents?

■ Quelles sont les forces et les faiblesses de vos concurrents?

■ Vos concurrents sont-ils des satisfaits, des leaders, des parvenus, ou des guerilleros?

Exercice

Interrogez les employés de vos concurrents : quels buts, quelle mission, quels objectifs poursuit leur entreprise?

Ensuite, demandez aux employés de votre propre société quels buts, quelle mission, quels objectifs vous poursuivez. Vos employés sont-ils plus concernés et motivés que ceux de vos concurrents?

Ce genre d'information est difficile à obtenir, non pas que les employés ne veuillent pas se livrer, mais, tout simplement, parce qu'ils n'en ont, en général, aucune idée! Attention, certains départements de vos concurrents peuvent fonctionner comme des entreprises à part entière, il faut donc que vous examiniez précisément chaque service que vous concurrencez.

Après les grands principes, il s'agit de s'attaquer aux détails pratiques, ce qui nécessite l'observation, jour après jour, des agissements de vos concurrents.

- Quels circuits vos concurrents utilisent-ils pour distribuer leurs produits?

- Comment positionnent-ils leurs produits?

- Comment créent-ils de nouveaux produits?

- Comment fabriquent-ils leurs produits?

- Quelle politique de prix, de réduction, de paiement mènent-ils?

- Comment gèrent-ils le service après-vente et les retours?

- Comment obtiennent-ils un feedback de leurs clients?

Dessinez le profil des cadres employés par la concurrence

Lorsqu'une équipe de football prépare un match, elle analyse la stratégie de ses adversaires (exemple : ils font courir l'adversaire pour pouvoir se livrer à un jeu de passes) et sa tactique (exemple : ils jouent à l'extérieur du fait de la vitesse de leurs ailiers).

Les footballeurs savent mieux que les hommes d'affaires étudier leurs adversaires et le profil des joueurs clés de l'équipe adverse. Avant chaque partie, les équipes de football placardent dans les vestiaires les photos des meilleurs joueurs adverses avec des explications sur leurs forces et leurs faiblesses. Le monde des affaires a intérêt à s'inspirer de la façon dont les équipes de football procèdent. Essayez donc de répondre aux questions suivantes :

■ Quels sont les joueurs clés de votre équipe adverse ?

■ Quels sont leurs parcours éducatifs et professionnels ?

■ Quelles sont leurs forces et leurs faiblesses ? Qu'est-ce qui les font réagir ? Quelles sont leurs motivations ?

Exercice

Procurez-vous des photos des cadres de vos concurrents. Demandez à votre personnel d'identifier le plus grand nombre possible d'entre eux*.

Anticipez les réactions de vos concurrents

Un autre domaine, et non le moindre, que vous devez étudier est celui de la réponse la plus probable de vos concurrents concernant votre propre démarche, par rapport à celle des autres, et aux évolutions de la profession. Vous devez anticiper la rapidité avec laquelle vos concurrents réagiront, et quels types d'actions ils entreprendront. Les questions suivantes vous aideront à anticiper les réactions les plus plausibles.

* Le résultat de cet exercice vous déprimera.

■ La société en question est-elle plutôt centrée sur elle-même ou tournée vers l'extérieur?

Nous avons tendance à nous référer aux sociétés centrées sur elles-mêmes lorsqu'elles sont gérées industriellement. Elles sont alors lentes à réagir aux changements. On peut aussi les qualifier d'arrogantes, puisqu'elles vivent dans une tour d'ivoire.

■ Comment l'information est-elle transmise à l'intérieur de l'entreprise?

Le concurrent qui possède une hiérarchie pesante, avec des systèmes de communication rigides, transmettra l'information soit avec lenteur, soit pas du tout. Avez-vous déjà joué à ce jeu au cours duquel chacun passe un message à son voisin en le lui chuchotant à l'oreille jusqu'à ce que la dernière personne répète à haute voix ce qu'elle a entendu? Le résultat est en général absolument hilarant. En affaires, les conséquences en seraient absolument tragiques!

■ Qui interprète les données?

Un directeur qui a traversé des années de guerre des prix interprétera une réduction de prix de la concurrence différemment d'un diplômé d'Harvard qui, lui, n'a jamais vécu une guerre des prix autrement que dans une salle de conférences. Un diplômé de Wharton, lui, s'estimera contraint de concevoir un modèle économétrique avant d'acheter un paquet de chewing-gums. C'est pour cette raison qu'il est intéressant de connaître le parcours éducatif et l'expérience professionnelle des cadres de vos concurrents.

■ Qu'est-ce qui motive vos concurrents?

La plupart des entreprises visent un des quatre objectifs majeurs suivants : 1) augmenter le chiffre d'affaires de la vente, 2) augmenter le bénéfice net, 3) choyer son ego, 4) améliorer les avancées stratégiques.

Une entreprise obsédée par les résultats des ventes aura tendance à sacrifier ses profits et se battre pour vendre. Une entreprise obsédée par son bénéfice net ne se battra pas sur le prix. Celle qui soigne avant tout son ego aura tendance à réagir violemment de façon incontrôlable. Une autre, préoccupée de stratégie, sera prête à travailler sur le long terme pour améliorer sa position vis-à-vis de ses concurrents[3].

Techniques pour connaître son ennemi

Un restaurant de Miami Beach, en Floride, a mené l'expérience suivante : chaque employé, du serveur en passant par le cuisinier, et du plongeur au gérant, reçoit une somme de 50 dollars pour dîner dans des restaurants similaires, afin d'observer ce qui s'y passe. Après avoir conduit leur « recherche », les serveurs et les cuisiniers préparent un court rapport écrit et font une présentation orale de ce qu'ils ont appris[4].

Cette anecdote illustre le fait que connaître son ennemi est essentiellement une question d'attention : celle que l'on porte à ses clients – et non pas une question de budget à affecter à je ne sais quelle société d'études de marché. Les efforts de Chef Allen's pour étudier la concurrence font partie de l'attitude générale qui vise à rendre fous vos concurrents : le restaurant organise des dîners de huit personnes et plus; il a pour politique de rendre visite dès le lendemain à l'hôte de la soirée afin de recueillir ses commentaires[5].

Que vous gériez un restaurant, possédiez une chaîne de magasin sur tout le territoire, ou présidiez une société de conseil avec un seul et unique collaborateur, voici comment surveiller vos concurrents :

Devenez détective

Faites comme si vous étiez un client et observez comment vos concurrents commercialisent et vendent leurs produits. Allez voir leurs magasins. Commandez leurs catalogues. Demandez leurs listes de prix et leurs brochures. Observez comment ils se battent contre vous. Enfin, ramassez toute la documentation destinée à promouvoir la concurrence et analysez-la.

Exercice

A votre tour, faites ce test. Pour savoir si vous faites ce qu'il faut pour analyser la concurrence qui vous concerne.

a. Je fais des achats chez les concurrents.

b. Je suis client chez les concurrents.

c. J'interroge les clients des concurrents.

d. Je lis tout ce que je peux trouver sur mon secteur avec curiosité.

e. Je participe à des conférences, des salons, des réunions interprofessionnelles.

f. J'interroge les institutionnels sur la concurrence.

g. Je me suis mis en contact avec un professionnel du sujet qui m'intéresse.

h. Je cherche sur Internet le Web de mes concurrents.

Résultat (comptez 1 point par « oui »).
0-2 : vous êtes nul. 3-5 : c'est correct. 6-8 : vous pouvez sauter ce chapitre. 9 : vous feriez mieux d'apprendre à compter.

Devenez le client de vos concurrents

Ne vous contentez pas d'entrer chez les concurrents, achetez leurs produits afin de devenir un de leurs clients. Vous pourrez ainsi examiner leur service après-vente et tout le système de la relation clientèle*. Vos concurrents ont peut-être aussi toutes sortes de publications qu'ils réservent à leurs clients et qui renferment un tas de « potins » et d'informations intéressants.

Investissez chez la concurrence

Si votre concurrent est coté en Bourse, une des manières les plus simples d'avoir des informations consiste à acheter des actions. Vous recevrez ainsi les informations réservées aux actionnaires de la compagnie, notamment les rapports annuels et trimestriels.

Questionnez les clients de vos concurrents

Les clients de vos concurrents sont une source précieuse de renseignements. Veillez cependant à ne pas violer la règle et à ne pas profiter d'informations confidentielles, même si on vous les donne spontanément.

Lisez tout ce que vous pouvez trouver

Lisez tout ce que vous pouvez trouver sur votre branche d'activité et sur vos concurrents (livres, magazines, etc.). Lisez les journaux locaux de villes où sont installés vos concurrents. Lisez les journaux locaux, les jour-

---

* Tout au long de cet ouvrage, Kawasaki évoque les « facilités offertes à la clientèle », « les clubs de consommateurs », les « points accumulés lors d'achats », etc. La politique de fidélisation du consommateur est extrêmement développée aux Etats-Unis. Il s'agit d'un marketing à part entière conçu dès le lancement d'un produit. Le client est toujours récompensé de sa fidélité et ce dès le premier achat. En France, nous en sommes aux balbutiements de la « relation consommateurs », qu'il s'agisse de l'assistance téléphonique avec numéro vert, des programmes de fidélisation avec acquisition d'avantages de toutes sortes ou de l'exploitation des bases de données. Sophie de Menthon.

naux scientifiques dans lesquels les chercheurs peuvent très bien publier des informations techniques qui concernent votre métier.

Si vous n'avez pas le temps de tout lire (bien que je sois certain du contraire), installez des présentoirs pour magazines dans les toilettes de votre société, disposez les publications qui, selon vous, méritent d'être lues, et dites à vos employés de découper les articles qui sont particulièrement intéressants et de les disposer dans une boîte réservée à cet usage, c'est-à-dire à la concurrence, et que vous diffuserez ensuite dans tous les services.

Participez aux conférences, aux salons et aux réunions interprofessionnelles

Sous le prétexte naturel d'intéresser l'auditoire, on dévoile des informations précieuses. Ecoutez donc les discours des dirigeants de la concurrence, vous en apprendrez long sur leurs orientations stratégiques. Pensez aussi à rendre visite aux stands de la concurrence dans les salons.

Interrogez l'administration

Vos concurrents sont souvent obligés de faire des déclarations aux différents services administratifs lors d'appels d'offres, de déclarations fiscales, de permis de construire, de dépôts de marques, de demandes de subventions, etc. Ces déclarations font pratiquement toujours l'objet d'une publicité légale et contiennent des informations sur les objectifs, les stratégies et la technologie des sociétés impliquées.

Trouvez un bibliothécaire spécialisé dans la recherche et ne le quittez plus

Ces professionnels peuvent faire plus en cinq minutes que vous en une journée entière pour trouver une information.

Cela dit, être votre propre bibliothécaire pour effectuer vos recherches devient de plus en plus aisé. En vous connectant à un réseau informatique comme America Online ou Compuserve, vous pouvez compulser autant d'anciens numéros de journaux, magazines et revues que vous le souhaitez.

A moins que vous n'ayez vécu au fond d'une caverne en Sibérie, vous avez dû aussi entendre parler d'Internet qui est alimenté par de nombreuses sociétés, petites et grandes, donnant toutes sortes d'informations sur elles-mêmes. C'est ce qu'on appelle les pages Web.

Pour utiliser un service sur le réseau et avoir ainsi un œil sur la concurrence, vous n'avez besoin que d'un équipement minimum : un ordinateur, un modem, et un logiciel – une dépense de l'ordre de 7 500 francs (1995) aux Etats-Unis *.

Les chapitres 2, 3 et 4 vous ont aidé à forger vos connaissances de base sur votre organisation, vos clients et vos adversaires. Fort de ce savoir, vous

---

E x e r c i c e

Le Test de Muns

Imaginez que Guy Kawasaki soit le vice-président de votre principal concurrent, chargé du marketing. Cherchez tout ce que vous pouvez trouver sur ce qui le concerne.

Un bibliothécaire de recherche à l'université du Missouri, à Saint-Louis, du nom de Raleigh Muns, a trouvé une solution à cet exercice. Sa réponse figure à la fin de ce chapitre. Vous pourrez la comparer avec vos propres résultats.

---

* En France, en 1996, il faut compter le double à peu près. Sophie de Menthon

êtes prêt à agir. Avant cela, lisons l'interview qui suit, elle explique comment utiliser les éléments que nous venons d'acquérir pour faire de la publicité vraiment « assassine »!

Interview : Allen Kay

Alan Kay est l'homme qui est à l'origine chez Xerox Parc d'une bonne partie de la technologie graphique actuelle : interfaces, souris, imprimantes laser... Mais si vous avez un lien, quel qu'il soit, avec la publicité, vous avez forcément entendu parler d'un autre Kay : Allen Kay. Celui-là est associé à des campagnes de publicité sinon efficaces, du moins controversées.

Allen Kay créa dans les années soixante-dix, pour le photocopieur Xerox à vitesse rapide, une publicité qui représentait un moine nommé frère Dominick*. Dans cette campagne, frère Dominique est montré en train d'écrire laborieusement un manuscrit dans les sous-sols d'une abbaye. Lorsqu'il a terminé, le frère supérieur lui en réclame cinq cents copies. Heureusement, frère Dominique a un ami qui possède un photocopieur Xerox qui lui permettra de répondre à la demande.

Kay est le fondateur de Korey, Kay & Partners, une agence de publicité de New York qui pèse 75 millions de dollars. Avant de fonder sa société, il était vice-président et directeur de la création de Needham, Harper & Steers (aujourd'hui appelée DDB Needham). Il a remporté de nombreuses récompenses, ainsi que six Best Read Advertising awards (meilleure récompense pour la pub de presse écrite) du magazine *Fortune*.

Dans ses pubs, il tente, selon ses propres termes, de se montrer « plus malin que ceux qui dépensent plus ». Parmi ses clients habituels, on compte Virgin Atlantic Airways, Celebrity Cruises, Members Only,

---

* Brother Dominick (frère Dominique) était joué par Jack Eagle, ancien trompettiste de grand orchestre et acteur comique de confession juive. Du coup, Jack Eagle se décrivait comme l'unique moine juif au monde!

Comedy Central, Bay Bank et le métro de New York. Dans l'interview qui suit, il explique comment utiliser la publicité pour rendre fous ses concurrents.

Q : Quel type de publicité une entreprise peut-elle utiliser dans un combat contre un de ses concurrents ?

Lorsque vous vous engagez dans un combat singulier contre un concurrent, vous avez le choix entre deux approches. L'une que nous appellerons Talon d'Achille, et l'autre Roi de la jungle. Dans la publicité du style Talon d'Achille, vous vous appliquez à faire apparaître la faiblesse de votre concurrent, et vous la combattez avec vos propres atouts.

La première fois que j'ai utilisé la technique du Talon d'Achille, c'était au milieu des années soixante-dix. Procter & Gamble venaient juste de sortir un produit qu'ils avaient positionné sur le marché comme la pomme chips nouveau style. Ils avaient commencé par la Californie, avec énormément de succès, et étendaient la distribution des « Pringles » à tout le pays.

A l'époque, nous travaillions pour Wise Potato Chips, la pomme chips la plus populaire de New York, mais les gens de Wise tremblaient de peur. Nous avons donc acheté un paquet de Pringles, et cela a été le commencement de la fin : la composition du produit faisait penser à la panoplie du parfait petit chimiste – avec des mots comme diglycérides, hydroxyanilose butylène, etc., supposés garantir la fraîcheur du produit !

Ensuite, nous avons examiné l'emballage de Wise, et nous avons lu que leurs ingrédients cités étaient des pommes de terre, de l'huile végétale et du sel. C'était juste au début de l'engouement pour les produits diététiques, c'était exactement ce que nous attendions. Pringles donnait les munitions qui nous manquaient pour communiquer !

Nous avons donc imaginé un spot publicitaire très simple : deux femmes assises l'une à côté de l'autre. Devant l'une des deux femmes, on voyait une boîte de Pringles et devant l'autre, un sac de chips Wise. « La femme de Pringles » attrapait la boîte et lisait la longue liste des ingrédients chimiques. Puis l'autre femme attrapait le paquet de Wise et lisait : « *Les pommes chips Wise contiennent des pommes de terre, de l'huile végétale et du sel.* » Nouveau plan sur Pringles et la voix off annonçait : « *La pomme chips à la nouvelle mode* ». Plan sur Wise et la voix déclarait : « *Ou bien Wise, la pomme chips à l'ancienne mode. C'est vous qui décidez.* »

Les ventes de Wise sont restées à peu près au même niveau, mais l'essentiel était que Pringles ne morde pas du tout sur les ventes de Wise. Le slogan est bien passé, et nous avons tout de suite remarqué que les vendeurs de chips des Etats-Unis se mettaient à copier notre campagne de publicité. Les ventes de Pringles ont régressé aussi vite qu'elles avaient envahi le paysage américain, et Procter & Gamble ont retiré leur produit pour étudier une autre formulation de la composition.

Q : Donnez-nous un exemple de publicité dans le style Roi de la jungle.

Dans la pub du style Roi de la jungle, il s'agit de trouver le point fort de votre concurrent et vous présenter comme plus fort que lui sur ce point précis. A San Francisco, British Airways était la référence absolue des compagnies aériennes, or nous voulions dire aux gens le maximum de choses possibles sur Virgin Atlantic Airways qui avait du mal à s'implanter sur le marché aérien à San Francisco.

Les gens savaient que British Airways offrait des prestations de qualité. Ils savaient que British Airways avait des lignes régulières et de gros avions; Virgin en avait aussi. Par conséquent, si nous pouvions rapidement nous mettre sur le même piédestal que British Airways, nous serions considérés aussi bien qu'eux.

Nous avons commencé notre campagne sur un *teasing* *. On voyait et

---

* « *Teaser* » ou « *teasing* » : *procédé publicitaire qui consiste à éveiller la curiosité du consommateur sans lui révéler au départ ce dont il s'agit. Exemple, en France, de la fameuse campagne* « *Demain, j'enlève le bas.* » Sophie de Menthon.

on entendait : « *Yoooooo-hoooooo, British Aiiiiirrrrwayyys* », sous-entendu « *Uh-oh, quelqu'un arrive pour concurrencer British Airways.* » C'était un raccourci pour arriver tout droit en haut de la montagne. Le client savait qu'il allait y avoir quelqu'un de nouveau dans le panorama aérien, avant même de savoir de qui il s'agissait.

Q : Vous avez positionné Virgin par rapport au produit de référence ?

Exactement. On connaissait bien le produit de référence, aussi avons-nous répertorié les points forts de Virgin et peu après la campagne du *teaser*, nous avons mis le logo Virgin sur toutes les pubs. Quand les gens ont vu la publicité pour Virgin, ils savaient que Virgin était une compagnie aérienne qui avait des vols sur Londres, qu'elle était en concurrence avec British Airways, et que donc, elle devait être, elle-aussi, excellente.

Ensuite, les gens ont voulu savoir pourquoi Virgin était si formidable, alors la publicité leur parla du service de limousines, des vidéos à chaque siège, du salon des premières classes, etc. Tout ce que nous avions à faire, c'était de nous concentrer sur la communication, dire pourquoi nous étions meilleurs que British Airways, plutôt que de devoir expliquer ce qu'était Virgin à l'origine. On a, si j'ose dire, décollé tout de suite !

Q : Comment vous y prenez-vous pour faire ce type de publicité ?

Il faut connaître parfaitement le produit ainsi que celui de la concurrence, et il faut connaître le client (commencez par le client). Nous avons cinq principes de base pour développer une campagne de publicité : 1) commencer par le client; 2) vivre avec le client; 3) dévoiler ce qui est évident; 4) rester simple; 5) aller jusqu'au bout des choses.

Si vous respectez chacun de ces cinq principes, vous toucherez la cible. J'ai toujours pensé que le problème dictait la solution et que si vous compreniez le problème tout en étant capable de déterminer votre objectif, vous étiez alors sûr de gagner.

Q : Quelle est la meilleure façon de rendre fous ses concurrents ?

Faire continuellement ce qui est le mieux pour le client. Si vous gardez constamment les yeux sur le résultat, et si vous faites toujours ce qui est le mieux pour votre entreprise, les choses que vous faites changeront tout le temps, mais votre stratégie, elle, ne variera pas.

Ce que nous faisons, nous ne le faisons pas pour nuire à British Airways. Ce que nous faisons, nous ne le faisons pas pour les rendre fous. Ce n'est pas en rendant fous les directeurs de British Airways que nous deviendrons riches. Nous deviendrons riches en remplissant des avions.

Répondez au Test de Muns

Voici ce que Raleigh Muns a trouvé lorsque je lui ai demandé de faire une recherche sur moi. Celui-ci suggère un plan de recherche en cinq étapes. (Raleigh peut être joint par courrier électronique à : fugitive @crl.com).

Test appliqué à Guy Kawasaki le 16 janvier 1995.

Etape n° 1. Demandez à un bibliothécaire de s'en charger

Le catalogue de la bibliothèque du Congrès répertorie quatre livres de Guy Kawasaki. Le catalogue établit également sa date de naissance à l'année 1954. (Un bon bibliothécaire doit pouvoir retrouver les thèses de doctorat et plus difficilement les thèses de maîtrise).

Base de données 101 – Berkeley, copyright 1991.
The Macintosh Way, Glenview, Ill. : Scott, Foresman, copyright 1990.
Selling the Dream, Harper Business, copyright 1992.
Hindsight Hillsboro, Beyond Words, copyright 1993.

Etape n° 2. Utilisez les annuaires professionnels

Biography and Genealogy Master Index. Detroit : Gale, 1990.
Who's Who in Finance and Industry. Chicago : Marquis, 1994.
Who's Who Among Asian Americans. Detroit : Gale, 1994.

Etape n° 3. Faites une recherche dans les journaux locaux et dans les annuaires de sociétés

Etape n° 4. Connectez-vous sur le réseau LEXIS-NEXIS

Lorsqu'on cherche à Guy Kawasaki on trouve 345 articles. Voici quelques exemples de ce que l'on peut trouver.

New York Times (5/2/1993 ; Sec 3, p. 11)
Né le 30 août 1954 à Honolulu ; vit à San Francisco ; lit *Charlie's Victory* de Charlie et Lucy Wedemeyer ; conduit (en 1993) une Acura NSX de 1992 ; licence de psychologie (Stanford) ; MBA de UCLA (Université de Californie) ; marié à Beth Thomsen Kawasaki ; un fils ; est entré chez Apple en 1983 pour faire la promotion des logiciels de Macintosh ; promu du département des logiciels en 1987 ; démissionne deux semaines plus tard pour aider au lancement d'une société de logiciels nommée ACIUS, Inc.

Boston Globe (5/9/1994 ; p. 49)
Récompensé d'un spécial « Father of the UGLYs » de la Boston Computer Society.

Industry Week (11/7/1994; p. 44)
Paiement : $10 K pour son intervention.

Sales & Marketing Management (1994; p. 101)
Selling the Dream est sur la liste des lectures de l'été de Phil Maez, vice-président des ventes de Celestial Seasoning, Inc.

Etape n° 5. Utilisez les services d'un spécialiste de recherche

Essayez les spécialistes de recherche. Pour ceux qui aiment l'aventure et qui ont accès à Internet, utilisez le World Wide Web. Pour se connecter : http : // WWW.Commerce.net/directories/consultants.html

Notes

1. Sandra S. Vance and Roy V. Scott, *Wal-Mart : A History of Sam Walton's Retail Phenomenon* (New York : Twayne Publishers, 1994), pp. 11-12.

2. Benjamin Gilad, *Business Blindspots* (Chicago : Probus Publishing Company, 1994), p. 21.

3. Ken Smith, Curtis Brimm, and Martin Gannon, *Dynamics of Competitive Strategy* (Newbury Park, Calif. : Sage Publications, Inc., 1992), pp. 91-119.

4. Susan Greco, *Hands on Sales/and Marketing*, Inc., October 1994, p. 119.

5. Susan Greco, *Real-World Customer Service*, Inc., October 1994, p. 40.

Faites

ce qu'il

faut faire

Voici une lapalissade des plus essentielles : la meilleure façon d'affoler vos concurrents c'est de « faire ce qu'il faut faire ». Il y a un certain nombre de choses qu'il faut faire pour affoler vos concurrents, si vous les faites, vous avez toutes les chances de provoquer chez vos concurrents potentiels des réactions telles qu'ils seront irrésistiblement conduits à faire exactement ce qu'il ne faut pas faire. Que faut-il donc faire très précisément pour affoler vos concurrents? L'auteur se propose de fournir en quatre points les réponses à cette question dans la deuxième partie de cet ouvrage :

1°. Prenez tellement bien soin de vos clients qu'ils n'auront non seulement pas l'envie mais le choix d'aller autre part (chapitre 5, Prêtez attention à vos clients).

2°. Ne soyez ni prétentieux, ni superficiel, concentrez-vous sur le problème à résoudre et faites ce qu'il importe vraiment de faire (chapitre 6, Concentrez vos efforts sur un point décisif).

3°. Ne voyez pas dans votre client un abominable casse-pieds, mais quelqu'un qui, au contraire, sera susceptible de faire vendre (gratuitement) vos produits (chapitre 7, Faites faire votre promotion par vos clients).

4° Faites quelque chose d'utile pour la collectivité (chapitre 8, Faites du bon travail en travaillant pour la collectivité).

Chapitre 5

Prêtez attention à vos clients

« J'ai adopté une approche résolument positive par rapport à mes intentions de m'attaquer à la concurrence. Faites comme moi, mettez l'accent sur vos points forts, soignez la qualité du produit, ou du service, soyez irréprochable, offrez une prestation impeccable, vos concurrents s'épuiseront à vous suivre. »

Ray Kroc, fondateur et ancien président de McDonald.

Deux exemples personnels

Les poules auront des dents avant que cette vérité n'ait la moindre chance d'être contestée : la meilleure manière d'affoler vos concurrents, c'est de satisfaire vos clients. Pour les satisfaire, vous devez leur prêter la plus grande attention. Si c'est le cas, si vous êtes capable de concentrer votre effort sur le client sans jamais faiblir, vous n'aurez peut-être même pas besoin de faire la guerre à la concurrence. Si c'est votre cas, il est inutile que vous poursuiviez la lecture de cet ouvrage, nous n'avons plus rien à vous apprendre. Pour les autres, poursuivons notre démonstration.

Voici comment, en suivant ce principe, deux entreprises différentes, une grosse chaîne d'hôtels et un restaurant, ont rendu les meilleurs services à leurs clients et ont fait souffrir leurs concurrents.

Ma rencontre avec la première de ces deux entreprises a eu lieu à Hawaï en 1993. J'étais descendu à l'hôtel Hyatt Regency de Poipu Beach dans l'île de Kauai avec mon épouse et mon fils. J'ai été sidéré de constater que les clients de l'hôtel pouvaient accéder librement et gratuitement aux machines à laver ainsi qu'aux séchoirs de la blanchisserie lorsqu'ils voulaient s'occuper eux-mêmes de leur linge. Il s'était trouvé quelqu'un parmi les collaborateurs de l'établissement pour étudier les besoins concrets des clients; en l'occurrence, il s'agissait d'avoir à éviter de laver une masse de biberons et de vêtements de bébé.

La plupart des hôtels n'envisagent même pas que l'on puisse aménager une blanchisserie en self-service, probablement parce que ce type d'installation prendrait trop de place et ferait perdre les bénéfices de la blanchisserie traditionnelle qui fonctionne avec le personnel de l'hôtel. Par conséquent, la décision de mettre gratuitement des machines à laver et des séchoirs à la disposition des clients est effectivement une décision fondamentale puisqu'elle a des conséquences directes.

Exercice

Vérifiez si vous pouvez directement laver vous-même votre linge en machine la prochaine fois que vous allez à l'hôtel. Si oui, vérifiez si les machines à laver et les séchoirs sont bien mis gratuitement à la disposition de la clientèle. S'ils le sont, envoyez-moi un courrier électronique (Macway@aol.com) ou un fax (415-921-2479), pour que je puisse mettre à jour ma banque de données concernant les hôtels qui essaient vraiment de répondre aux besoins des clients!

Or, en prêtant une attention extrême à ses clients au lieu de « mégoter » sur les services que tant d'hôtels rechignent à rendre, cet établissement fait passer sur le marché très compétitif de l'hôtellerie de Hawaï une notion primordiale : la réponse aux aspirations du client. Cette attitude a fait de moi un prosélyte du Hyatt de Kauai.

Ma deuxième expérience a eu lieu à Portland au cours d'un voyage dans l'Oregon. J'ai dîné dans un restaurant du nom de Old Wives' Tales que j'ai découvert grâce à un employé du Residence Inn, un hôtel proche, auquel je demandais si quelqu'un pouvait me recommander un restaurant qui convenait aux enfants. Cet employé m'a répondu : « *Vous devriez essayer celui qui a une salle de jeu.* » Ma réaction a été de lui demander : « *Une salle de jeu? Racontez-moi ça.* » (Leçon n° 1 : si vous offrez un produit ou un service inédit, les gens se souviennent de vous plus facilement), et voici sa réponse :

Holly Hart, la patronne de l'établissement, a décidé un jour d'aménager une salle de jeu parce qu'elle avait remarqué que les parents d'enfants trop turbulents hésitaient à dîner au restaurant.

La salle de jeu mesure 15 m^2 environ. Elle y a installé trois bateaux, un train avec un tunnel dans lequel les enfants peuvent passer. Mais les efforts de Holly Hart vont plus loin : à peine êtes-vous assis qu'un serveur vous apporte des oranges épluchées en tranches et des serviettes.

Grâce à Holly Hart, les parents ont retrouvé le plaisir de dîner au restaurant avec leurs enfants. Auparavant, ils n'avaient pas d'autres choix que celui du restaurant classique, dans des conditions familiales effroyables, ou celui du fast-food équipé d'une aire de jeu. A l'instar du Hyatt de Kauai, cette attention exceptionnelle que Holly Hart porte à ses clients lui impose des sacrifices : la salle de jeu lui fait perdre vingt places, et les consommateurs s'attardent plus longtemps, parce que leurs enfants s'amusent bien et qu'ils ne veulent plus s'en aller (moins de rotations de tables).

Mais ce sont des sacrifices qui en valent la peine : Holly Hart augmente son chiffre d'affaires tous les ans et ce depuis quinze ans. Aujourd'hui, il atteint un million et demi de dollars. De plus, elle s'est constituée un noyau conséquent d'inconditionnels qui continuent de prendre leurs repas chez elle alors même que leurs enfants ont grandi. Ceci est d'autant plus remarquable que le restaurant Old Wives' Tales est difficile d'accès et qu'il faut faire pas mal de route pour s'y rendre.

Posez les bonnes questions

S i vous concentrez vos efforts sur vos concurrents au lieu de soigner votre clientèle, vous allez vous attirer inévitablement des représailles. Vous riposterez et, immanquablement, vous serez amené à faire ce qu'il ne faut pas faire, quels qu'en soient les motifs.

Exercice

Emmenez vos enfants dîner dans un restaurant de type classique et notez au bout de combien de temps vous vous levez de table parce que vous n'en pouvez plus. (Pour votre information : mon dîner en famille à l'Old Wives' Tales a duré une heure et demie – une heure de plus que d'habitude).

Petit test supplémentaire : dès que vous vous asseyez, demandez que l'on vous apporte des oranges épluchées en quartier et des serviettes.

Holly Hart s'est posé la seule bonne question : comment inventer une nouvelle manière de dîner au restaurant en famille, avec les enfants?

Kenichi Ohmae, qui a représenté à Tokyo la firme internationale McKinsey & Company, nous donne un autre exemple de la bonne question à se poser. Il l'a si bien posée qu'il a fini par inventer un nouveau type d'appareils photo avec lequel il suffisait de cadrer le sujet et d'appuyer sur le déclencheur pour prendre la photo : rien d'autre!

Au milieu des années soixante-dix, les appareils photographiques équipés d'un seul objectif (dits SLR pour « single lens reflex ») ont eu un succès fou, grâce à leur design futuriste et à leur maniabilité. La plupart des fabricants d'appareils photo ont réalisé que la solution consistait à inventer des appareils SLR de plus en plus performants.

Mais Ohmae, lui, n'était pas convaincu, et il s'est posé deux questions : « Pour quelle raison précise les gens prennent-ils des photos? » et : « Que cherchent-ils à obtenir lorsqu'ils appuient sur le déclencheur? »

Il s'est aperçu que les gens se souciaient moins de posséder un bon appareil que de prendre de bonnes photos. Ohmae s'est donc rendu avec ses collaborateurs dans un laboratoire de développement où ils ont examiné quelque dix-huit mille photographies afin de comprendre les raisons qui faisaient que les gens prenaient de mauvaises photos. Ils en découvrirent trois :

1. un défaut de mise au point,

2. une insuffisance de lumière,

3. une erreur dans le choix de la pellicule.

Ils ont tiré de leur conclusion un élément essentiel : les mauvaises photos sont le fait d'une erreur humaine. Cette constatation les a conduits à inventer un appareil avec lequel il suffisait de cadrer la personne ou l'objet à photographier, puis d'appuyer sur le déclencheur, un appareil qui soit pourvu d'un système de mise au point automatique, d'un flash intégré et d'un dispositif capable d'identifier automatiquement le type de pellicule utilisé.

Ohmae avait su se poser les bonnes questions. Sa démarche a convaincu les fabricants d'objectifs photographiques munis d'obturateurs de prendre en compte la véritable problématique de leurs clients. La règle d'or dans ce domaine est de chercher à découvrir quelque chose qui va véritablement profiter au consommateur, sinon nous ne ferons rien d'autre que lui proposer un gadget de plus. Au lieu de rejoindre le troupeau des fabricants de SLR, ces constructeurs ont fabriqué des appareils capables de faire ce que le client demandait implicitement, c'est-à-dire prendre de bonnes photos sans se compliquer la vie.

Proposez des solutions faisant appel à l'imagination

L'entreprise Eventide Lutheran Home a posé, elle aussi, les bonnes questions lorsqu'elle a interrogé les pensionnaires des maisons de repos afin de connaître leurs besoins. Elle a découvert que ces derniers redoutaient avant tout la solitude, l'isolement et l'ennui.

Eventide Lutheran Home a donc cherché une solution à ce problème : c'est ainsi que l'entreprise, basée à Moorhead dans le Minnesota, a décidé de reconstituer le cadre et l'atmosphère d'une petite ville de province.

On trouve maintenant dans l'établissement un bureau de poste avec des boîtes aux lettres à l'ancienne, une boutique de cadeaux meublée à l'ancienne et un confiseur comme il en existait autrefois, une banque, une bibliothèque, un institut de beauté, un coiffeur et une cafeteria. Les pensionnaires des maisons de repos se choisissent un maire, l'élu préside une sorte de conseil municipal et il est habilité à discuter des questions les concernant, avant de présenter ses conclusions à la direction.

Des organismes tels que le Rotary Club, la banque de sang, l'association pour la prévention des maladies du cœur, des églises, tiennent des réunions dans l'enceinte du village. Les salles de réunions y sont mises gratuitement à disposition. Les organismes en question s'acquittent seulement d'un tarif fixé à l'avance pour les repas des participants qui sont servis dans un grand hall prévu à cet effet. Les hommes d'affaires locaux viennent fréquemment déjeuner au café de la « ville », qui pratique des prix modérés, et les familles n'hésitent pas à choisir la cafeteria pour fêter un anniversaire.

Helen Frampton, présidente de Eventide, parle de ses clients de la façon suivante : « *Ainsi, ils ne sont jamais déprimés par l'environnement, la vie leur paraît normale. Lorsqu'ils arrivent à Eventide, ils savent qu'ils resteront actifs autant qu'il le leur sera possible.* » Eventide est la preuve que lorsque l'on prête une attention suffisante au client, on trouve toujours des solutions originales.

Attaquez-vous aux « bunkers », détruisez-les !

Souvent, les entreprises contraignent leurs clients à un parcours d'obstacles avant de faire affaire. Dans les domaines de la vente, du marketing et des services, c'est ce que l'on appelle le parcours du combattant ou le principe du « bunker ». Le client est repoussé dans les tranchées, tandis que l'entreprise se barricade dans son bunker. Tous les efforts portent sur l'entreprise, au détriment du client.

Exercice

Appelez votre entreprise – sans vous faire reconnaître – et essayez d'obtenir des informations sur les produits ou les services que vous vendez. Seriez-vous prêt à faire des affaires avec votre propre entreprise ?

L'attitude idéale au premier abord dans une entreprise est que ses collaborateurs se contentent de s'asseoir derrière leurs bureaux et d'attendre les clients. Lorsqu'il y a plus d'acheteurs que de vendeurs, les clients en sont réduits à faire la queue et à attendre eux-mêmes. Le client, lui, ne trouve rien d'exaltant à cette situation : on lui fait comprendre qu'il devrait s'estimer heureux que l'on daigne lui vendre quelque chose.

Voici trois exemples illustrant la manière dont certaines entreprises détruisent les bunkers.

■ Mervyn, un détaillant de Californie, fait circuler des gondoles équipées de roulettes dans son magasin lorsque celui-ci est bondé, réduisant ainsi l'attente des clients. Mieux encore, une fois par mois, Mervyn organise une vente géante qu'il appelle Super Samedi.

Il y a énormément de monde à ses Super Samedis, les gens arrivent avant l'ouverture et font la queue devant le magasin, aussi Mervyn se sert-il d'un stand mobile pour repérer dans la file d'attente ceux qui n'ont pas leur carte de crédit du magasin et la leur proposer.

■ L'association Blue Cross and Blue Shield du Massachussetts a ouvert des centres d'informations de près de 100 m² dans deux centres commerciaux de cet Etat. « *Nous avons pris la décision d'aller à la rencontre de nos membres et membres potentiels, là où ils se trouvent* », déclare le Dr Joseph Avellone, chef d'exploitation de la Blue Cross and Blue Shield du Massachussetts. L'organisation met une dizaine de ses employés à la disposition des clients des centres commerciaux. Ces spécialistes répondent à toutes les questions concernant la politique de la Blue Cross et son fonctionnement. Ces centres sont également équipés de banques de données interactives, permettant de se procurer tous les renseignements souhaités sur les maladies, les activités de la Blue Cross, ainsi que sur les grandes manifestations prévues pour l'ensemble des services de santé.

■ La Bank of Boulder, une banque du Colorado, n'impose pas au client ses horaires de travail et ne se débarrasse pas non plus de lui en le renvoyant sur des guichets automatiques. Le principe consiste à mettre à disposition des automobilistes des guichets accessibles de leurs voitures de 6 h du matin à 11 h du soir.

Bien que 6 % seulement des clients de la banque utilisent ce service, ils sont 16 % parmi les nouveaux clients à avoir choisi cette banque pour ses horaires. Les commerçants, par exemple, qui déposent l'argent de leur caisse la nuit après avoir fermé boutique, se sentent plus en sécurité lorsqu'ils se rendent à un guichet de la Bank of Boulder en ayant affaire à un employé qui peut leur signaler tout mouvement suspect. Ils redoutent les guichets automatiques installés dans les endroits isolés.

■ Selon le *Wall Street Journal*, Toyota vend deux voitures sur cinq au Japon. Une des raisons de son succès réside dans le fait qu'elle s'est constituée une véritable armée de 100 000 démarcheurs qui vont prospecter le client à domicile. C'est à partir des concessionnaires que sont lancées ces opérations. Grâce à cette organisation, la force de vente de Toyota est en mesure de quadriller tout le pays.

Chacune de ces anecdotes démontre que ces entreprises ont travaillé pour que le client accède à elles facilement; dans certains cas, ce sont elles qui se sont dirigées vers le client. Peut-être ces méthodes ne s'appliquent-elles pas à votre entreprise, mais peu importe, ce qu'il faut comprendre, c'est l'état d'esprit qui motive leurs efforts. Comme le fait remarquer Allen Kay : « *Pour affoler ses concurrents, il n'est pas nécessaire de le vouloir expressément. Il suffit de se montrer vraiment attentif au client!* »

Fournissez un produit ou un service immédiatement utilisable et accessible

L e plaisir d'acheter réside souvent dans de petits détails : on se dépêche de rentrer chez soi, on défait le paquet et on se sert tout de suite de son achat, sans avoir besoin de courir ailleurs pour acheter des piles ou je ne sais quel accessoire. Prévoir et mettre à disposition tout ce qui permet l'utilisation immédiate du produit que l'on vend est aussi une façon de prêter attention à votre client.

Les entreprises qui prennent ce genre de mesures simples enregistrent en général des progrès significatifs dans l'amélioration de leurs produits. C'est le cas de Vasque, un fabricant de chaussures de marche du Minnesota : Vasque offre à ses clients la brosse à chaussures et le cirage.

Standard Brands, une entreprise de peinture de Torrance en Californie, vend en promotion un kit à 5,97 dollars, qui comprend un rouleau avec le manche, un rouleau de rechange, une raclette pour étaler la peinture, un pinceau pour les retouches, un chiffon et une rallonge de 40 centimètres pour peindre en hauteur. L'attention portée à de tels détails donne au client le sentiment qu'on se soucie de lui au point de lui mettre tout ce qu'il faut en main pour réussir.

L'attitude qui consiste à faire le pas de plus, celui qui fournira le service qu'on n'espérait pas, est payante. Prenons l'exemple des clients du Whole Foods Market de Palo Alto en Californie. Ils peuvent se faire masser à l'intérieur même du magasin. Le prix est de 24 dollars pour 30 minutes de massage par des professionnels, et sans rendez-vous.

C'est la kinésithérapeute Astrid K. Heinonen qui a eu l'idée d'installer un salon de massage à l'intérieur du marché. Elle voulait prodiguer des soins dans un endroit « *où les gens se rendent quotidiennement et où ils ne s'attendent pas à ce qu'on soigne leur stress.* » Astrid K. Heinonen affirme que ses massages améliorent l'image de Whole Foods de façon significative. « *Ils contribuent de manière substantielle à l'agrément du lieu, à l'environnement au sens large* », déclare-t-elle.

Astrid K. Heinonen et les autres kinésithérapeutes qui travaillent au salon ne sont pas payés par Whole Foods, mais par les clients eux-mêmes. Ils louent leurs emplacements et accordent aux employés de Whole Foods une réduction de 50 %*. Astrid K. Heinonen, ainsi que les autres kinésithérapeutes, ont constitué leur clientèle en faisant circuler leurs cartes de visite.

Elle pense que les massages ont attiré des centaines de nouveaux clients : « *Des tas de gens viennent ici se faire masser avant de faire leurs courses. Plus de la moitié de mes clients me disent : « Je fais mes courses ici à cause du massage.* »

---

* Offrir une réduction importante aux employés est une excellente manière de les pousser à faire votre publicité (voir chapitre 7).

Réparez vos erreurs

E n basketball, lorsque l'équipe adverse ne mène que d'un point, il faut qu'elle marque un panier supplémentaire si elle veut rester en tête. Mais si votre équipe reprend la balle à ce moment-là et marque un panier, elle gagne quatre points, parce que, non seulement vous avez empêché votre adversaire de marquer deux points, mais vous avez marqué deux points vous-même.

Dans les affaires, les coups à quatre points existent aussi.

C'est le cas lorsqu'une entreprise commet une faute, mais qu'elle essaie de rattraper le client qui s'apprêtait à partir. Tout comme au basket, le coup à quatre points est difficile à encaisser par l'adversaire, dans la mesure où vous récupérez un client qu'il pensait avoir gagné.

S'il vaut certes mieux ne pas perdre un client, il serait irréaliste de penser que cela n'arrive jamais. Moi-même, j'ai déjà perdu des clients et j'en ai récupérés beaucoup (pas tous). Je me suis aussi déjà trouvé dans la position du client que l'on vient de perdre, et j'en ai profité pour observer comment les entreprises concernées s'y prenaient pour tenter de me récupérer. Quelques règles pour cela :

Prenez l'initiative

On préfère généralement apprendre les mauvaises nouvelles tout de suite. Pourtant, les entreprises temporisent avant de les annoncer. Elles pensent bêtement que le client ne remarquera rien ou qu'il sera indifférent, ou encore que le problème disparaîtra comme par enchantement. Par exemple, si l'avion à bord duquel vous devez monter n'est pas prêt trente minutes* avant l'heure du départ, vous pouvez parier qu'il ne partira pas

---

* Quinze minutes si vous volez sur Southwest Airlines.

à l'heure prévue. Pourtant, la plupart des compagnies aériennes n'annoncent la mauvaise nouvelle qu'après que l'heure du départ soit passée, causant un désagrément supplémentaire à des voyageurs déjà stressés. Par conséquent, dès que vous apprenez que la livraison que vous devez faire n'arrivera pas à temps, qu'il y a un virus dans l'ordinateur que vous avez vendu, ou que d'une manière générale, vous ne pouvez pas remplir votre contrat, prenez l'initiative de prévenir votre client, n'attendez pas qu'il vous appelle pour s'étonner ou protester.

Soyez honnête

Une mauvaise nouvelle est une mauvaise nouvelle : mentir n'arrange rien, les gens détestent qu'on leur mente ! Un jour que j'avais pris un avion pour San Francisco, nous avons été détournés sur Sacramento à cause du brouillard, c'est du moins ce que nous a affirmé le pilote. Après une heure et demie d'attente à Sacramento, nous avons repris notre vol vers San Francisco où le ciel était parfaitement dégagé et où l'aéroport fonctionnait normalement. La première mauvaise nouvelle était que nous étions en retard, mais le fait d'avoir dissimulé les causes du retard la rendait doublement exaspérante.

Mettez le client au courant

En cas de problème, la personne la plus indiquée pour rectifier le tir est le client. Si vous réagissez en haussant le ton et en décrétant que la politique de la maison exige que les choses soient faites de telle manière et pas autrement, vous amplifiez le problème. Mettez plutôt le client au courant, demandez-lui comment il aimerait que le problème soit résolu. Les gens avertis se calment, surtout s'ils sentent qu'ils contrôlent la situation. Rappelez-vous ceci : quand on pense politique de l'entreprise, on pense frais généraux, quand on pense client, on pense bénéfices.

Prenez vos responsabilités

Dans n'importe quelle transaction, il n'y a jamais que deux parties en présence : les « payeurs » et les « payés ». Assumer ses responsabilités signifie que celui qui est payé prend l'entière responsabilité des problèmes qui peuvent survenir, sans jamais montrer les autres du doigt. Si un client, par exemple, vous achète une voiture et que la radio tombe en panne, ne vous en prenez pas à celui qui a fabriqué la radio, réparez-la. En résumé, un collaborateur, quel qu'il soit, devrait systématiquement endosser la responsabilité de toutes les actions de l'entreprise à laquelle il appartient. Il ne doit jamais se retourner contre un autre collaborateur ou un autre service.

Ironie du sort, il peut arriver qu'un client qui a eu un problème devienne votre meilleur supporter par la suite – plus fidèle qu'un client qui n'a jamais eu l'occasion de tester votre capacité à l'aider – je ne vais pas jusqu'à dire que vous devez susciter les problèmes, mais sachez que les échanges avec le client, même s'il y a eu faute à la base, sont une source d'opportunités.

Exercice

Appelez votre entreprise pour vous plaindre de ce que le produit qu'elle vous a vendu est défectueux. Protestez comme le ferait votre client. Votre entreprise se montre-t-elle capable de vous récupérer en tant que client ?

Ne dites pas de mal des autres

Bien que vous ne cessiez de porter une attention extrême aux clients et aux prospects, quelques-uns d'entre eux ne manqueront pas de poser des questions sur la concurrence.

C'est la première et dernière fois dans cet ouvrage que je vous déconseille la franchise : en l'occurrence, mentez! J'entends par là, ne dites pas ce que vous pensez. Faites-vous tout sourire et répondez en ces termes : « *X est une excellente société, que nous respectons.* »

Plus votre réponse sera bienveillante, mieux cela vaudra. N'hésitez pas à faire l'éloge de César... quitte à creuser sa tombe plus tard. Contentez-vous, cependant, de parler de vos concurrents dans des termes vagues. Usez et abusez des adjectifs : bon, excellent, remarquable, mais n'entrez pas dans les comparaisons comme : « *X est meilleur que nous.* » On pourrait vous croire!

Il ne s'agit pas d'être lâche. Simplement, vous n'avez pas de raison de provoquer la colère de vos concurrents, à moins que vous ne cherchiez délibérément à les pousser à commettre une faute grave en les faisant sortir de leurs gonds (et je me permets de vous déconseiller fortement ce genre de méthodes). Concentrez vos efforts sur vos clients, efforcez-vous d'endormir vos concurrents, et tuez-les pendant leur sommeil.

Oubliez le passé

Revenons à la littérature. Vous vous souvenez que *Moby Dick*, le chef-d'œuvre d'Herman Melville, nous avait fourni l'exemple d'un concurrent affolé par un autre. Nous pouvons dire que le capitaine Achab se serait mieux occupé de ses clients qui lui réclamaient de l'huile, s'il avait consacré son temps et son énergie à tuer des baleines. Au lieu de quoi, il n'a pensé qu'à une chose : tuer Moby Dick. Malheureusement pour le Capitaine Achab, la baleine blanche a prouvé – nous le savons tous – que c'était elle la meilleure. Si Moby Dick a incarné le mal, on peut affirmer que c'est l'obsession du capitaine Achab qui a entraîné son propre malheur.

Pour les hommes d'affaires, trois leçons sont à tirer de la mésaventure du capitaine Achab : 1) il faut toujours donner la priorité au client;

2) la vengeance est une très mauvaise motivation et il faut se raisonner pour brider ses instincts; 3) ne jamais s'attaquer à une baleine. Vous serez prévenu!

Interview : Jim Olson

Je ne vois pas de meilleur exemple d'une société qui ait autant affolé ses concurrents, en focalisant son attention sur le client, que celui de Hewlett-Packard. Cette société qui pèse 25 milliards de dollars fabrique un nombre impressionnant de produits qui vont des instruments de mesure et des calculatrices aux ordinateurs, en passant par les traceurs et les imprimantes laser.

Il n'est pas rare que des sociétés de haute technologie, telles que Hewlett-Packard, perdent de vue les besoins du client lorsque leurs têtes pensantes se prennent de passion pour la technique : elles sont amoureuses de leurs produits. Il leur arrive même de s'acharner sur un produit qui a fait son temps mais pour lequel elles ont gardé une tendresse particulière.

Jim Olson, directeur général du département Communication-Vidéo de Hewlett-Packard, a su éviter le piège de l'infatuation. En 1992, la plupart des collaborateurs du département Communication-Vidéo travaillaient sur les instruments à micro-ondes. Sentant que le marché était en perte de vitesse, l'entreprise a remplacé le département des micro-ondes par un nouveau département, la Communication-Vidéo, chargé d'étudier les besoins non satisfaits dans ce domaine et d'y répondre.

C'est ainsi que Hewlett-Packard a découvert le marché de la production et de la post-production vidéo. En quelques mois, ses ingénieurs en micro-ondes apprirent quels étaient les besoins de Hollywood et du grand public en matière de vidéo. Parmi les premières réalisations du département, on compte des équipements de contrôle pour les studios de télévision, un serveur vidéo capable de stocker puis d'envoyer la vidéo en direction de terminaux, ainsi qu'une imprimante papier.

111

Q : Comment votre département est-il passé des micro-ondes au multimédia?

A l'origine, on a pensé qu'on ne s'éloignait pas assez de ce que l'on faisait déjà. Nous avons décidé d'appliquer la technologie des micro-ondes à la vidéo. Je me suis mis à la tâche, j'ai engagé une équipe, et nous avons commencé à nous pencher sur le marché du multimédia.

Nous avons passé un accord avec la direction générale, à qui nous n'avons pas caché que nous pourrions perdre pas mal d'argent dans un premier temps. Fort de son soutien, nous avons dépensé une fortune en billets d'avion pour permettre à nos ingénieurs et nos commerciaux d'assister aux salons commerciaux qui se tenaient un peu partout dans le pays. Ces collaborateurs eurent ainsi la possibilité de rencontrer tous les clients qu'ils souhaitaient.

Si les clients se moquaient pas mal de savoir que nous venions du département des micro-ondes de chez Hewlett-Packard, les clients des studios, eux, nous disaient : « *Vos imprimantes sont extraordinaires, je suis dans la vidéo et je ne trouve pas d'imprimante qui soit capable de reproduire sur du papier des images vidéo absolument parfaites.* »

Avant, nous avions l'habitude de dire en plaisantant que nous étions des mécaniciens, des « blouses bleues ». Le département marchait bien parce que nous vendions à d'autres blouses bleues. Et voilà qu'on nous demandait à présent de vendre à des gens qui se mettaient des paillettes et des plumes de carnaval. C'est à partir de là que nous nous rendons compte à quel point la décision de donner la priorité au client est payante. Il ne faut pas craindre pour cela d'avouer son ignorance et d'afficher sa pseudo-naïveté.

Nous leur avons dit que nous ne connaissions rien à ce métier nouveau pour nous, mais que nous pensions que nous avions néanmoins beaucoup à leur apporter. Nous avons plus appris en les écoutant que si nous étions allés voir les autres ingénieurs spécialisés en micro-ondes. Nous avons atterri dans cette branche d'activité sans connaître le milieu ni les habitudes des clients, pourtant, nous avons fini par repérer très vite leurs habitudes d'achat.

Une bonne manière d'affoler ses concurrents consiste à repérer l'arbre qui cache la forêt. Dans ce cas, nous avons réussi, parce que, paradoxalement, nous n'étions jamais allés dans cette forêt-là auparavant.

Q : Ainsi donc, votre ignorance vous a rendu plus forts ?

Oui, notre ignorance nous a donnés incroyablement plus de force. Sur le long terme, et je pense même que notre réussite dépendra dans une certaine mesure de notre aptitude à persuader le client de notre ignorance. Personne n'aurait pu faire ce que nous avons fait sans adopter un point de vue entièrement nouveau sur la manière d'aborder le client, de l'écouter, de disséquer méthodiquement ses moindres déclarations.

Quand vous connaissez un métier vraiment très bien, vous avez tendance à imposer au client votre façon de penser. Et c'est encore plus compliqué quand il faut que vous vous battiez sans savoir si vous avez la bonne approche. Nous ne savions rien, c'était clair, net et précis. Et cela nous a formidablement aidés.

Q : Avez-vous appris autre chose au fur et à mesure de votre nouvelle expérience ?

Leçon n° 1 : faire table rase et s'engager à fond. Lorsque nous demandons à un département d'explorer un domaine nouveau et que nous ne sommes pas prêts à investir les ressources nécessaires, nous courons à l'échec.

On me demande souvent pourquoi je n'ai pas cherché à faire venir de l'extérieur une équipe de spécialistes de la vidéo. Cela aurait pris trop de temps. Trop de temps pour les recruter, les former, et pour leur donner l'esprit de la maison.

Leçon n° 2 : résistez aux « lubies » managériales. Appliquer la même méthode de gestion à chaque secteur d'activité, qu'il s'agisse d'un lancement, d'un changement de cap, ou d'une expansion rapide, est insensé. J'applique volontiers les procédés de gestion à la mode dans la profession... à condition qu'ils répondent à la nécessité du moment.

Leçon n° 3 : mettez vos meilleurs joueurs sur le terrain. N'importe quelle équipe de foot sait cela par cœur, et curieusement, dans le monde des affaires, nous en sommes souvent incapables. Je me suis décarcassé pour avoir les meilleurs résultats, nous les avons, à tous les échelons du département. Il n'est plus question, dans ces conditions, de tolérer le moindre fléchissement dans les résultats.

Q : Comment vos concurrents ont-ils réagi ?

Nous avons eu des échanges avec des ingénieurs et des cadres de la concurrence, à l'occasion de colloques et de salons professionnels. Un de nos concurrents est venu nous voir lors du salon NAB (National Association of Broadcasters) récemment. Il nous a dit : « *Depuis votre précédente apparition au NAB l'année dernière, vous m'avez rendu la vie impossible. Mon patron n'arrête pas de nous harceler pour que nous fassions comme vous, messieurs, et que nous portions sur le marché un regard neuf.* »

Chapitre 6

Concentrez vos efforts sur un point décisif

« On peut résumer la guerre commerciale d'un seul mot : « concentration. »

Basil Liddell Hart.

Diviser pour régner

En 1796, Napoléon a vingt-sept ans, il n'a encore jamais commandé une armée. On lui confie pourtant le commandement en chef de l'armée française en Italie, c'est sa première campagne et il gagne la bataille de Montenotte.

Dans cette bataille, Napoléon avait trente-cinq mille hommes dans sa troupe. Tous ses ennemis s'étaient ligués contre lui, dont les Autrichiens, avec une armée forte de trente-cinq mille hommes, et les Sardes qui en comptaient vingt-cinq mille. Napoléon donna l'ordre à ses généraux de n'attaquer ni les Autrichiens, ni les Sardes. Il conduisit les troupes françaises à l'endroit où les Sardes et les Autrichiens étaient censés se rejoindre, et ce pour tailler une brèche entre les deux armées.

S'étant rendu maître de ce point faible de l'adversaire, c'est alors qu'il lança ses troupes contre les Sardes, qui se rendirent. Trois jours après d'intenses combats, il vainquit les Autrichiens. Napoléon a emporté la victoire parce qu'il a concentré ses efforts sur un point décisif – une leçon qui vaut également pour la guerre commerciale. Diviser pour régner est d'une redoutable efficacité.

D'abord, parce que nous évitons ainsi de jouer tous nos atouts. Il est toujours risqué, en effet, d'attaquer une entreprise dont les atouts sont nettement supérieurs aux vôtres sur un éventail très large de produits ou de marchés.

Ensuite, parce que nous minimisons, voire évitons les représailles. Lorsque vous attaquez une cible isolée et apparemment secondaire, votre concurrent peut ne pas se rendre compte que vous êtes passé à l'offensive. Aussi jugera-t-il inutile de défendre cette position secondaire.

Enfin, parce que vous vous offrez de cette façon une victoire modeste*, certes, mais qui mobilise vos troupes, que vous mettez en confiance pour les combats à venir. Une petite victoire qui fait aussi son effet sur les clients et les sympathisants, tout en intimidant les concurrents.

Trouvez un créneau

S i Napoléon était un homme de marketing, on dirait de sa tactique qu'elle consistait à se trouver un créneau où s'engouffrer pour ensuite faire exploser le marché visé. Un créneau représente le secteur du marché (ou du champ de bataille) qui correspond le mieux à vos propres possibilités. Comme dit le proverbe : « *Au royaume des aveugles, les borgnes sont rois.* »

* Les Bérets verts appellent cela une cible de confiance.

La procédure

Trouver un créneau nécessite une grande connaissance des atouts de vos concurrents, de leurs capacités et de leurs réactions. Si vous êtes suffisamment armé de ce côté-là, vous serez capable normalement de diagnostiquer où sont les créneaux en suivant la procédure suivante.

Etape n° 1. Déterminez les caractéristiques les plus importantes de vos produits ou services, ainsi que celles de ceux de vos concurrents. N'éliminez pas pour autant les caractéristiques secondaires telles que le service, l'assistanat et les garanties.

Etape n° 2. Positionnez toutes les données sur le graphique en fonction de votre capacité à fournir des produits ou services en conformité avec les caractéristiques demandées, et en fonction de leur valeur pour le client.

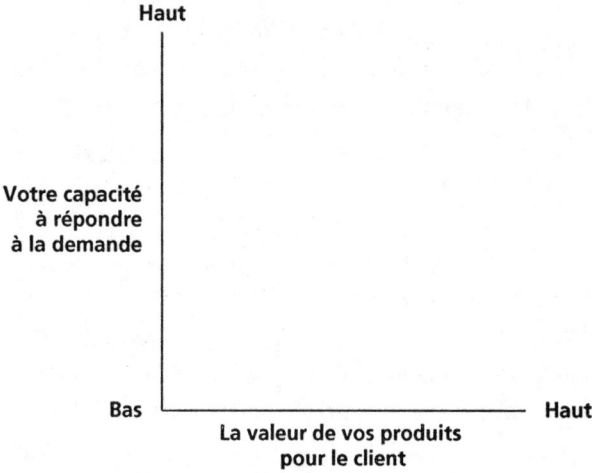

Etape n° 3. Intéressez-vous aux caractéristiques que vous possédez et qui sont très importantes aux yeux du client. C'est là que se situe le créneau.

Un exemple pris dans la vie courante

Voici l'exemple d'une entreprise qui a trouvé son propre créneau en faisant de la prestation de soins d'urgence son point fort.

Le docteur Gresham Bayne de San Diego en Californie a découvert que 82 % des urgences ne nécessitaient pas une admission au service des urgences de l'hôpital, ni même l'intervention d'une ambulance. Le gaspillage du personnel médical impose un lourd fardeau à l'hôpital et au client. Puisque la majorité des patients n'avaient pas besoin qu'on les transporte en ambulance, ni qu'on leur apporte une assistance immédiate dans une salle d'hôpital entièrement équipée pour les urgences, le docteur Bayne a estimé que se présentait la possibilité de bouleverser complètement le marché de l'assistance médicale en concentrant ses efforts sur le point suivant : la prestation de soins.

Le docteur Bayne a donc acheté une ambulance qu'il a équipée, entre autres, d'un appareil à rayons X pour prendre des radios, d'un minilaboratoire, d'un électrocardiographe et d'un électro-encéphalographe. L'ambulance s'arrêtait devant la porte des patients, qui disposaient ainsi du matériel le plus adapté, pour apporter des soins à domicile et ce au meilleur coût. Fort de ses premiers succès, il a monté une société qu'il a appelée Call Doctor, Inc. (Appelez le docteur). Celle-ci s'est implantée sur une quinzaine de points des Etats-Unis. Il a également créé des franchises pour l'exploitation de son service mobile d'urgences.

Le personnel médical de Call Doctor évalue la gravité des cas qui leur sont signalés par téléphone, en posant une série de questions soigneusement étudiées. Dans les cas graves, un médecin est envoyé au domicile du patient pour l'examiner et lui faire passer des tests. Le médecin peut ordonner des examens complémentaires et, le cas échéant, une hospitalisation. Certaines de ces ambulances sont même équipées d'une petite pharmacie.

Les honoraires de Call Doctor sont de 200 dollars en moyenne, soit presque 70 % de moins que le tarif de base en vigueur dans la région de San Diego. L'économie réalisée est encore plus intéressante si l'on prend en compte le coût de déplacement d'une ambulance lorsqu'on ne fait pas appel à Call Doctor.

En concentrant ses efforts sur la prestation de soins médicaux, Call Doctor a trouvé la manière de mieux servir le client. La majorité des hôpitaux ignorent l'existence de Call Doctor, mais nous pouvons parier qu'un jour viendra où cette société « affolera la concurrence » parce qu'elle aura trouvé comment réduire encore plus ses coûts et fournir une aide médicale encore plus performante. Elle obligera la concurrence à s'aligner sur elle.

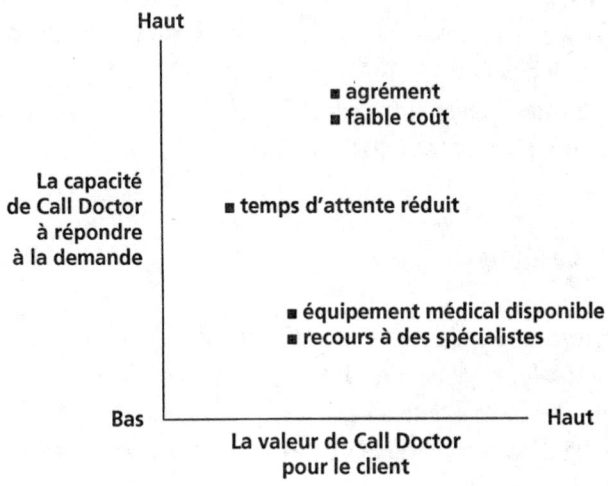

Ne vous limitez pas géographiquement, visez le monde entier

Quand on a trouvé un créneau, on est dans la position idéale... pour un temps; les autres entreprises étant fatalement attirées vers votre créneau, elles finiront par tuer la poule aux œufs d'or. Et puis, si les borgnes sont rois au royaume des aveugles, les royaumes des aveugles ne sont pas multipliables à l'infini. Les entreprises audacieuses ne devront donc pas hésiter à parcourir la terre entière pour porter leurs attaques, consolider leurs acquis, et repartir à l'assaut.

L'exemple de Honda

L'arrivée de Honda sur le marché américain est un exemple spectaculaire de stratégie planétaire. Honda a commencé par introduire sur le marché US des motocyclettes bon marché. Concentrant ses efforts sur un secteur négligé des constructeurs automobiles américains, qui ne fabriquaient pas de motos.

Des motos bon marché, Honda est ensuite passée aux motos haut de gamme. Toujours sans éveiller la méfiance des constructeurs automobiles. A l'étape suivante, Honda a introduit de toutes petites voitures bas de gamme, telles que la Civic. Ces voitures de la première génération n'étaient à tout prendre que des motocyclettes habillées d'une carosserie – du moins c'est ce que pensèrent Ford, General Motors et Chrysler.

C'est alors seulement que Honda commença à fabriquer des voitures haut de gamme. Les constructeurs américains s'aperçurent de l'existence de Honda, mais il était trop tard. Les consommateurs avaient déjà identifié les Honda comme de bonnes voitures, bon marché. En fin de compte, Honda créa une gamme de voitures de luxe, dont un des modèles se révéla être une voiture de sport haut de gamme et internationale.

L'effet boule de neige

Si l'on parvient à créer un effet boule de neige, on possède un moyen efficace de s'étendre à l'international. Le concept de « boule de neige » part de cette constatation simple : plus les utilisateurs de votre produit sont nombreux, plus vous avez de chances qu'un client potentiel se trouve amené à côtoyer l'un d'entre eux. Si votre produit est véritablement satisfaisant, le client potentiel sera tenté de l'acheter.

L'effet boule de neige est fréquent dans le monde de la concommation. Prenons l'exemple de la Lexus, un modèle que Toyota lança sur le marché américain en 1989. La Lexus était une voiture haut de gamme, destinée à concurrencer les Mercedes et les BMW, d'un coût moins élevé.

Parce qu'elle coûtait moins cher que les autres voitures de luxe, les gens étaient plus nombreux à avoir les moyens de se l'offrir. Puisque les acheteurs de Lexus étaient plus nombreux, il devenait plus facile d'échanger des renseignements avec quelqu'un qui en possédait une. Les acheteurs étant satisfaits de leur voiture, les Lexus se vendaient de mieux en mieux!

Il arrive que l'effet boule de neige prolonge le succès d'un produit qui aurait dû normalement disparaître. C'est le cas de QWERTY, le clavier anglais des machines à écrire et des ordinateurs. Il fut conçu à l'origine en 1873 – de façon à décupler la vitesse de frappe des dactylos – les machines à écrire de l'époque ne pouvant pas suivre le rythme des dactylos les plus rapides. (Les lettres qui composent le « mot » QWERTY sont celles qui occupent le coin gauche en haut du clavier anglais).

En 1888, quelqu'un a eu l'idée d'organiser une compétition opposant un champion du clavier QWERTY – son nom était Franck E. McGurrin – à Louis Taub qui se servait, lui, d'un clavier différent. McGurrin a battu Taub à plate couture, on en a déduit très largement que le clavier QWERTY était supérieur. Cette compétition venait à point pour confirmer de manière durable l'hégémonie du clavier QWERTY.

Un siècle après, les claviers des ordinateurs ne servent quasiment plus à la frappe, et l'on sait que d'autres configurations permettraient d'écrire plus vite, mais voilà, les entreprises qui ont fabriqué les premiers ordinateurs ont conservé le clavier QWERTY. Des claviers plus performants, tels que le DSK, le Dvorak Simplified Keyboard, permettraient pourtant à des millions d'utilisateurs d'ordinateurs de saisir leurs textes plus rapidement.

Dans cette affaire, l'effet boule de neige a joué contre le progrès : les gens avaient l'habitude du clavier QWERTY, aussi les premiers fabricants d'ordinateurs l'ont-ils adopté; un plus grand nombre de gens se sont mis à l'utiliser, alors les autres fabricants se sont alignés sur les premiers; et maintenant, il est impossible de changer le QWERTY. (La marine américaine, toujours soucieuse d'efficacité, a calculé que le gain de vitesse de frappe apporté par le clavier DSK permettrait d'amortir en dix jours à peine le coût des stages de reconversion des dactylos).

La leçon à tirer de cette histoire est la suivante : plus ceux qui utilisent votre produit seront nombreux, plus le bouche à oreille sera important. Pour obtenir l'effet boule de neige, voici ce qu'il faut faire :

■ Utiliser des échantillons. La meilleure des publicités est toujours faite par ceux qui ont l'occasion de se familiariser avec votre produit, alors n'hésitez pas à investir le montant de votre budget publicitaire dans des échantillons. Si l'usage d'échantillons tombe sous le sens lorsqu'on vend des produits, cela peut paraître moins évident pour les services, or c'est la même chose : on peut toujours fournir des analyses partielles ou des petits projets qui auront le même effet. (Ne manquez pas de lire dans le chapitre suivant l'interview de John Spencer. Celui-ci explique sa manière de distribuer des échantillons de fil dentaire de la marque Glide).

■ Il faut d'abord semer. Quand vous mettez votre produit sur le marché à un prix inférieur à celui de la concurrence, vous encouragez le public à l'essayer, élargissant ainsi la base de votre clientèle. Il est évident qu'il vaut mieux démarrer avec le maximum de clients. Moralité : semez sans attendre et ensuite seulement vous séparerez le bon grain de l'ivraie.

■ Il faut se méfier des situations critiques, ou alors les exploiter. L'affrontement McGurrin/Taub a légitimé, après coup, le clavier QWERTY. Tout le monde a oublié que les deux hommes ne se sont mesurés qu'une seule fois, et que ce Taub était un amateur qui tapait avec deux doigts sur un clavier qui ne permutait pas, de sorte que pour imprimer les chiffres et les capitales, il fallait taper sur des claviers séparés.

■ Il faut se positionner sur le marché rapidement. Non pas qu'il faille se précipiter au détriment de la qualité, mais rappelez-vous que les aiguilles de votre montre ne s'arrêtent jamais de tourner, et que le temps vous est compté. Faites lire ce paragraphe à vos ingénieurs qui s'épuisent à essayer d'obtenir de vous que vous leur laissiez ajouter « une caractéristique de plus à votre nouveau produit, juste une ! »

■ Il faut savoir que le meilleur produit ne l'emportera pas nécessairement. Un produit acceptable, s'il est le premier ou le second à se présenter sur le marché, peut l'emporter, à condition qu'il bénéficie d'un bon marketing. Un exemple : la marque Windows s'est mieux vendue sur le marché des systèmes d'exploitation des ordinateurs personnels que Macintosh, en dépit de son arrivée tardive et de sa qualité inférieure.

Exercice

Vos prospects éprouvent-ils des difficultés à obtenir auprès de vos clients des informations sur les produits ou services que vous vendez. Peut-on améliorer la situation actuelle ?

Trouvez une alternative

Comme le disait Pogo, un personnage de bande dessinée : « *Nous avons débusqué notre ennemi, c'est nous-même.* » En effet, il nous arrive de devenir notre pire ennemi lorsque nos attaques contre le leader du marché ont pour résultat de le stimuler au lieu de l'affaiblir. Il est malheureusement difficile de déloger un leader au moyen d'une attaque frontale, alors si vous êtes le n° 2 (ou 3, ou 4…), l'endroit où vous devez porter votre attaque dépend souvent d'un principe simple : fournir au leader une alternative.

Al Ries et Jack Trout, les auteurs de *The 22 Immutable Laws of Marketing* emploient l'expression « règle des opposés ». Selon Ries et Trout : « *Si vous voulez vous installer pour longtemps sur la deuxième marche du podium, vous avez intérêt à étudier attentivement l'entreprise qui occupe la plus haute marche. Demandez-vous quel est son point fort et réfléchissez sur la façon de retourner cette force contre elle.* »

Voici des exemples d'entreprises qui ont tenté d'affoler le leader de leur marché en lui trouvant une alternative :

■ Pepsi-Cola contre Coca-Cola. Coca-Cola est un produit ancien, bien implanté. Pepsi s'adresse à la « nouvelle génération ». Si vous êtes un classique, buvez Coca-Cola. Si vous êtes dans le coup, buvez Pepsi.

■ Burger King contre McDonald. McDonald s'adresse aux enfants, Burger King à ceux qui ont grandi. Si vous êtes encore un gamin, allez chez McDonald, si vous êtes devenu adulte, allez chez Burger King.

■ DHL contre Federal Express. Federal Express n'a pas son pareil pour distribuer les petits colis à l'intérieur des Etats-Unis. DHL couvre le reste du monde. Si vous avez un envoi à faire à l'intérieur du pays, utilisez Federal Express. Si vous avez un envoi à faire n'importe où ailleurs, utilisez DHL.

Dans chaque exemple, le n° 2 doit éviter de provoquer le leader : Pepsi ne peut pas raisonnablement espérer passer devant Coca-Cola, Burger King ne peut pas espérer détourner les jeunes de McDonald, quant à DHL, ils n'ont pas les moyens de livrer des colis aux quatre coins des Etats-Unis en seulement 24 heures. Ces sociétés n'essaient pas de battre leur leader à son propre jeu, en revanche, elles contournent son point fort de telle manière qu'il en devient vulnérable, puis elles proposent leurs propres articles, ou services, en les présentant comme la meilleure alternative.

Exercice

Quelle alternative offririez-vous à ces leaders?

a. **Hertz**

b. **Nike**

c. **Microsoft**

d. **United Airlines.**

Valorisez vos produits, ne faites pas la guerre

Peut-être vous demandez-vous pourquoi nous ne recommandons pas dans ce chapitre de concentrer ses efforts sur l'argument décisif que constitue la fixation du prix du produit : « La part de marché est la clé de la rentabilité, or baisser les prix accroît la part de marché, donc déclenchons la guerre des prix, nous affolerons nos concurrents, n'est-ce pas ? Alors, nous deviendrons riches. »

Malheureusement, c'est ce genre de raisonnement qui a conduit par le passé à des guerres de prix aux conséquences désastreuses, dans les domaines les plus variés : compagnies aériennes, cigarettes, comptabilité, ordinateurs. La raison en est simple : corrélation et causalité ne sont pas interchangeables. S'il y a corrélation entre part de marché et rentabilité, cela ne veut pas dire pour autant que la part de marché soit la cause de la rentabilité. Ceux qui font l'erreur de croire que la part de marché est une cause de rentabilité sont tentés d'utiliser l'arme non appropriée de la fixation du prix pour rentabiliser leur produit. En affaires, *post hoc, ergo propter hoc* * se révèle faux en général. « Après cela, donc en dépit de cela » est plus près de la vérité.

Exercice

Si vous avez remarqué que les dirigeants des sociétés prospères conduisaient des voitures de luxe, allez-vous acheter des voitures de luxe à vos directeurs, dans l'espoir qu'ils conduiront votre entreprise vers le succès ?

Permettez-moi de vous dissuader d'utiliser la politique des prix comme arme principale de la lutte contre vos concurrents. Je fonde ici mes arguments sur un ouvrage exceptionnel : *The Strategy and Tactics of Pricing* de Thomas Nagle et Reed Holden. D'après Nagle et Holden :

« *Fixer les prix, c'est comme jouer aux échecs. Ceux qui jouent au coup par coup – dans l'espoir de réduire au maximum les pertes à court terme, ou d'exploiter les occasions à court terme – seront battus inéluctablement par ceux qui sont capables d'anticiper plusieurs coups à l'avance.* »

---

* Après cela, donc à cause de cela.

La majorité des entreprises décident des prix de leurs productions selon des critères étriqués et figés. De façon simpliste, certaines entreprises s'imaginent que si elles baissent leurs prix, elles auront plus de clients. Leur plan pour faire la guerre des prix ne prend en compte que l'entreprise et le client.

	Le client
Vous	✓

Mais cette approche ne tient pas compte des concurrents qui ne restent pas sans réaction. En effet, ceux-ci peuvent répondre à votre réduction par une réduction équivalente, ou même plus importante. Ils peuvent réagir en sens inverse et augmenter leurs prix ou ajouter de la valeur au produit (par exemple, en y ajoutant des services). Si vous voulez déclencher la guerre des prix, vous devez donc tenir compte dans vos plans des autres entreprises.

	Le client
Vous	✓
Concurrent A	✓
Concurrent B	✓
Concurrent C	✓

Le client est en réalité le plus souvent un groupe de clients aux besoins hétérogènes. Il faudra prendre en compte cette diversité avant de décider des prix.

	Client A	Client B	Client C	Client D
Vous	✓		✓	
Concurrent A	✓		✓	✓
Concurrent B	✓	✓		✓
Concurrent C	✓		✓	
Concurrent D	✓	✓	✓	

Ensuite, il faut tenir compte du paramètre temps et agir par étapes. Dans la première étape, vous pouvez baisser vos prix : de ce fait, vous incitez le client A à acheter plus. Mais alors, il se peut que le concurrent A vous suive et baisse ses prix à son tour. Dans une deuxième étape, vous pouvez encore baisser vos prix, incitant cette fois le concurrent B à entrer dans la bagarre, et ainsi de suite. Avant de vous lancer dans une guerre des prix, vous feriez bien d'étudier en détail toutes les possibilités d'action de vos concurrents et de vos clients, les uns et les autres ne devant pas manquer de réagir.

Parler de « guerre des prix » est tout à fait approprié. En effet, dans une guerre, les deux adversaires sont généralement perdants lorsque le conflit dure trop longtemps. L'expression « négociation des prix » conviendrait mieux à la solution que nous recherchons. La négociation permet d'espacer les guerres autant que faire se peut, et de diminuer leur férocité lorsqu'elles sont devenues inévitables, en adressant des signaux à l'ennemi et en multipliant les arguments qui ne sont pas liés au prix de vente de vos produits et de vos services. Vous trouverez, ci-dessous, quelques suggestions pour mener vos propres négociations :

- Faites savoir à la concurrence que vous êtes capable et disposé, le cas échéant, à exercer des représailles. A une époque, la société Chrysler a déclaré à la presse qu'elle avait dans ses cartons un « minivan » qu'elle fabriquerait le cas échéant. Le message était clair, Chrysler engageait les autres constructeurs à ne pas déclencher la guerre des prix du minivan car sinon elle serait prête à la faire et à la gagner.

- Laissez une position de repli à vos concurrents. Supposons que vous augmentiez vos prix dans un secteur et que, dans le même temps, vous augmentiez la valeur de vos produits ou services dans un autre secteur, peut-être vos concurrents seront-ils tentés de choisir la pratique du prix elevé et qu'ils éviteront ainsi de vous concurrencer ailleurs. Voilà une bonne manière de cohabiter en se partageant le marché.

- Fixez les bornes à ne pas dépasser. Imaginez qu'un de vos concurrents aille voir votre meilleur client et lui propose systématiquement des prix plus bas. Plutôt que de lui faire la guerre, allez voir le meilleur client qu'il possède et faites semblant d'avoir des informations signifiant que son fournisseur lui fait des prix très bas. Bien entendu, le client en question ne bénéficie pas de la répercussion de ces pseudo prix bas, il s'ensuit que ce dernier ne manquera pas de se plaindre auprès de votre concurrent… qui comprendra le message.

- Augmentez la valeur de votre produit ou service. Plutôt que de baisser votre prix, améliorez votre produit ou service en allongeant la période de garantie, en améliorant l'assistance technique, en garantissant la livraison, en éliminant les frais d'expédition, ou encore en fournissant des accessoires à titre gratuit ou à prix réduit. Par exemple, Premier Industrial Corporation vérifie pour ses clients, par ordinateur, la composition de l'huile de leurs moteurs, facilitant ainsi la détection de pannes éventuelles.

Existe-t-il des cas où il est payant de se servir de l'arme du prix pour affoler vos concurrents ? Oui ! Mais sous certaines conditions. Nous allons les énumérer ci-dessous :

■ Vous avez un différentiel de coût significatif, que vous pouvez maintenir. Peut-être avez-vous inventé un nouveau procédé de fabrication*?

■ Vous pratiquez des prix d'appel pour appâter le client et ensuite lui vendre des produits ou services annexes qui sont d'un meilleur rapport. C'est ainsi que Microsoft donne son système d'exploitation pour presque rien afin de vendre le maximum de logiciels.

■ Vos produits ou services concernent un secteur bien délimité du marché et vous êtes en concurrence avec un véritable mastodonte qui, dans ces conditions, ne pourra pas se permettre d'aligner ses prix sur les vôtres. Supposons que vous gériez un service de livraison et qu'à votre échelon local vous marchiez sur les plates-bandes d'une grosse société qui livre sur tout le territoire national, cette société ne pourra pas baisser ses prix dans votre secteur géographique sans le faire partout dans le pays.

Mais, il vaut mieux dans la plupart des cas, améliorer son produit plutôt que de chercher à se faire la guerre. Aucune entreprise, à notre connaissance, n'a jamais fait faillite sous prétexte qu'elle améliorait la qualité de ses produits. Sous la plume de Nagle et Holden, on peut lire à ce sujet ceci : « *Les entreprises ne doivent pas chercher à devenir plus grandes que leurs concurrentes (bien que ce ne soit pas impossible), elles doivent s'efforcer de s'améliorer.* »

---

* Mais, là encore, puisque ce ne sont pas les parts de marché qui vous intéressent en premier lieu, pourquoi tout simplement ne pas augmenter le chiffre d'affaires ?

N'abandonnez pas votre rôle de perturbateur

En concentrant vos efforts sur un point décisif, vous courez le danger de dévoiler trop facilement votre stratégie à vos concurrents, qui se rendront compte de leurs points faibles et tenteront de les corriger. Honda a frappé tellement fort que les constructeurs d'automobiles, avec General Motors à leur tête, ont lancé leur propre version des voitures de luxe à prix modéré.

On ne peut éviter complètement cet écueil, mais on peut minimiser ses effets en poursuivant sans discontinuer son rôle de perturbateur. Si vos concurrents ont du talent, ils identifieront leurs faiblesses et les corrigeront, vous privant finalement de l'avantage que vous aviez acquis. C'est pourquoi vous n'aurez de cesse de perturber le marché.

Le problème, c'est qu'il est très difficile de bouleverser un marché deux fois de suite. Selon Gary Hamel et C.K. Prahalad, les auteurs de *Competing for the Future* : « *Lorsque vous vous attaquez aux sociétés en place pour la première fois, vous avez fort à faire à secouer leurs vieilles habitudes; la deuxième fois, c'est à votre propre force d'inertie que vous devez vous attaquer.* »

La victoire – comme la défaite – est éphémère. Quand vous êtes au sommet, les autres vous rattrapent. Si vous êtes au bas de l'échelle, vous avez encore la possibilité de grimper au sommet en perturbant le marché. Dans les deux cas, il faut déstabiliser le marché continuellement, sous peine de se retrouver à la traîne.

En définitive, ce qui compte, c'est attaquer sur un point décisif, se diversifier et faire bouger le marché constamment.

Chapitre 7

Faites faire votre promotion par vos clients

« Une seule personne, armée de sa seule conviction, vaut plus que quatre-vingt-dix-neuf personnes passives. »

John Stuart Mill.

Les fous du Macintosh

Lorsqu'en janvier 1984, Apple a lancé le Macintosh sur le marché, la majorité des spécialistes des ordinateurs ont estimé que c'était un bel ordinateur mais que son échec n'en était pas moins inévitable car il ne respectait pas les normes d'exploitation MS-DOS.

D'après eux, nous n'avions aucune chance de vendre notre ordinateur parce qu'il n'avait pas de logiciel, qu'il était fabriqué par une bande d'anciens hippies dirigés par un jeune homme efflanqué qui, après avoir travaillé dans la limonade pour le compte de son beau-père, venait à peine d'être parachuté en Californie. (Tout cela était parfaitement exact*).

Ce que les mauvaises langues n'avaient pas prévu, c'est que Apple soit capable de rameuter une bande de fans totalement acquis au Macintosh, qui puissent apporter à la mise au point de cet ordinateur toutes leurs passions et leurs compétences techniques, alors que les gens de Apple n'étaient ni en mesure, ni disposés à le faire eux-mêmes.

Ces adeptes de la première heure sont tombés amoureux du Macintosh alors que cet ordinateur n'avait pas de logiciel et qu'il était encore beaucoup trop lent. Il n'y a pas grand mérite à prendre fait et cause pour des matériels parfaitement au point, mais là, ces gens ont fait preuve d'une vraie prise de risque. Ils ont montré le Macintosh à des utilisateurs potentiels. Ils ont bousculé les normes des grandes sociétés, en introduisant subrepticement le Macintosh dans des entreprises qui avaient adopté IBM, à l'indignation des inconditionnels les plus sectaires du clan IBM.

Macintosh a réduit IBM à presque rien en surmontant son handicap sur cette énorme société, solidement implantée, qui, de surcroît, bénéficiait d'une excellente image. IBM avait la légitimité pour elle, nous, nous avions la passion. Qu'on ne vous dise pas le contraire, le prosélytisme est la seule vraie explication du succès de Macintosh.

Ce chapitre a pour but de vous expliquer comment vous allez faire de vos clients des inconditionnels, comment vous allez les rendre littéralement délirants d'enthousiasme envers vos produits, vos services, vos idées, vos conceptions.

Inventez-vous une cause

Avant d'avoir des disciples, il faut commencer par se trouver une cause, quelque chose en quoi vous puissiez croire fermement.

---

* Respectivement : Steve Jobs et Steve Wozniak, John Suley, Pepsi-Cola et Donald Kendal, le pdg de Pepsi-Cola à l'époque.

Cette cause peut être un produit : le Macintosh par exemple, ou une conviction, comme la nécessité de lutter contre la pollution.

Si vous voulez faire de vos clients des prosélytes, il faut commencer par créer un bon produit. (Ceci explique pourquoi nous trouvons si peu d'entreprises que leurs clients soutiennent par une propagande active : il y a peu de produits vraiment géniaux sur le marché). Il y a trois manières de créer des produits ou des services :

■ Méthode n° 1. Demander aux clients ce qu'ils veulent. Ils n'ont l'imagination que de ce qui existe déjà et vous voilà perpétuellement à la remorque des nouveautés de la concurrence.

■ Méthode n° 2. Manipuler vos clients de sorte qu'ils achètent ce que vous avez en magasin, mais cela ne marche qu'un temps.

■ Méthode n° 3. La bonne qui consiste à combiner trois choses : l'innovation, l'amour de ce que l'on fait et la compréhension des besoins du client (besoins profonds et besoins nouveaux). Voilà qui permet d'« avoir une cause ».

On a rarement envie d'être associé à un produit médiocre ou à une entreprise qui vous manipule – il n'y a rien là de bien excitant – c'est pourquoi nous vous recommandons la méthode n° 3. (Pour en savoir plus sur les différentes façons de s'inventer une cause, lisez *If You Want to Write* de Brenda Ueland. C'est le meilleur livre jamais écrit sur la question).

Si vous trouvez un produit exceptionnel ou une cause à défendre, vous constaterez que vos produits ou services, de fait, sortiront de l'ordinaire, l'un entraînant l'autre :

■ Une cause, c'est une vision. C'est changer le monde radicalement d'une façon totalement différente, ou, tout au moins, c'est imprimer sa marque. C'est un rendez-vous avec le destin, le rêve que l'on cherche à transformer en réalité et non pas seulement une idée.

■ Une cause élève vos aspirations. Une cause n'a que faire des idées négatives, destructrices, ni même de la neutralité. Puisqu'elle vise haut, en dépassant les objectifs terre à terre ; par exemple, en rendant une entreprise plus productive, en luttant contre la pollution, en aidant des personnes privées de leurs droits civiques.

Exercice

Trouvez une aspiration élevée pour des entreprises des secteurs suivants :

a. La chaussure d'athlétisme

b. La restauration familiale

c. Les ordinateurs personnels

d. Les équipements photographiques

■ Embrasser une cause, c'est remettre en perspective l'expérience acquise. La cause crée de nouveaux besoins, redéfinit les normes commerciales et industrielles, et change les manières de faire. La cause a des conséquences qui sont irréversibles. L'invention de l'institut de beauté, par exemple, a été la « cause » qui a changé du tout au tout la diffusion à travers le monde des produits destinés aux soins de la peau et des cheveux.

■ Embrasser une cause suscite des réactions passionnées. La cause entraîne des antagonismes, avec d'un côté, ceux qui la défendent bec et ongles, et de l'autre, ceux qui la détestent. A l'inverse des produits de tous les jours qui ne valent pas la peine qu'on en parle face à ceux-là. Les gens aspirent à autre chose.

Adressez-vous à ceux qui sont véritablement concernés

L orsque nous avons lancé le Macintosh sur le marché, nous nous sommes polarisés sur la clientèle des pdg et des directeurs de grosses sociétés. C'était une erreur, mais la leçon a été profitable. Nous avons appris qu'il importait, avant tout, de rechercher les personnes qui se sentaient véritablement concernées. Celles qui reprendraient le flambeau, et non pas celles qui avaient les plus grosses responsabilités.

Nous pensions que puisque les hauts responsables avaient le pouvoir, ils pouvaient imposer du haut jusqu'en bas de la hiérarchie de l'entreprise leur décision d'acheter un Macintosh. Or, ces gens haut placés n'approchent jamais, même de loin, les employés qui font fonctionner les ordinateurs de leur propre entreprise. Les convaincre de l'intérêt d'un Macintosh était donc parfaitement inutile. Qui plus est, « les huiles » ne pouvaient décemment pas changer les normes informatiques de leurs entreprises, puisqu'ils les avaient fixées eux-mêmes. Il ne pouvait être question pour eux de se déjuger.

Exercice

Appelez votre société et présentez-vous comme quelqu'un qui a un poste hiérarchique très important dans une autre entreprise. Rappelez un peu plus tard, mais cette fois présentez-vous sans faire état d'un titre important. Vous traite-t-on de la même manière dans un cas comme dans l'autre ?

Ce sont les sans grade, pourtant, qui firent le succès du Macintosh : artistes, designers, secrétaires, intérimaires, stagiaires, internes des hôpitaux. Par chance, nous l'avons très vite compris et nous avons pu rectifier le tir. (Après coup, nous avons réalisé que nous aurions encore gagné du temps si nous avions eu l'idée d'étudier les méthodes du meilleur vendeur de tous les temps : nous voulons parler de Jésus Christ. Au lieu de s'adresser aux saints des saints et aux pharisiens, le Christ a préféré prêcher devant les percepteurs des impôts, les prostituées et les pécheurs. Il a choisi les plus aptes à s'engager pour défendre sa cause).

Lorsque nous avons cherché qui serait prêt à s'engager pour défendre le Macintosh, nous avons résumé les quatre points fondamentaux :

■ Point n° 1. Tâchez d'abord de convaincre ceux qui sont déjà clients de votre entreprise. Puisque vous êtes déjà en rapport avec eux, il est plus facile de tenter de les fidéliser encore un peu plus à votre entreprise. Notre expérience nous permet d'affirmer que nos défenseurs les plus enthousiastes sont nos plus vieux clients.

■ Point n° 2. N'ayez pas peur d'appeler au secours. Nous sommes toujours fiers de donner un coup de main à une entreprise qui vend des articles prestigieux. Nous aimons les gagnants et désirons leur être liés. Nous ne sommes pas du tout choqués qu'ils fassent appel à nous, nous en sommes même flattés.

■ Point n° 3. Laissez les gens vous aider à leur manière. Les uns feront une démonstration de votre produit pour l'expliquer à leur entourage. Les autres écriront peut-être un article dans une revue quelconque. Ne découragez pas les bonnes volontés, vous ne savez jamais à l'avance si une idée qui vous paraît loufoque ne va pas, en fin de compte, vous faire gagner beaucoup d'argent, voire résoudre un de vos problèmes.

■ Point n° 4. Ne tenez pas compte des compétences. Un bon prosélyte n'a besoin que de deux choses : aimer votre produit et avoir envie de répandre la bonne nouvelle autour de lui. On peut même dire que celui qui est bardé de diplômes universitaires et qui possède une énorme expérience professionnelle est probablement la dernière personne à avoir envie de changer de produit ou à faire appel à une entreprise qu'il ne connaît pas.

Ne vous laissez pas impressionner par les titres ronflants dont se prévalent certains interlocuteurs, cherchez les collaborateurs qui ont compris la démarche. Il n'est pas certain qu'ils occupent des postes de direction, mais cela n'a pas d'importance. Ce qu'il vous faut, ce sont des gens qui comprennent la cause pour laquelle vous vous battez, qui s'enthousiasment et qui sont prêts à vous aider.

Exercice

Vrai ou faux?

Les patrons n'écoutent pas leurs secrétaires ni leurs assistants.	**Vrai**	**Faux**
Les exécutants ne savent pas choisir leurs outils de travail, ce sont leurs supérieurs qui prennent la décision pour eux.	**Vrai**	**Faux**
Les bonnes décisions se prennent collectivement.	**Vrai**	**Faux**

Laissez le client essayer le produit avant d'acheter

Comment savoir si votre cause est comprise et appréciée? En laissant le client potentiel essayer votre produit et se convaincre lui-même. L'état d'esprit qui sous-tend votre démarche doit être celui de quelqu'un qui croit fermement que son client est intelligent, qui saura tirer ses propres conclusions, si on lui fournit les informations nécessaires.

Les fabricants de denrées alimentaires, de produits cosmétiques l'ont compris : ils proposent souvent des échantillons. Hear Music (Ecoutez la musique) est une chaîne de disquaires avec des magasins à Santa Monica, Berkeley et Palo Alto. Elle laisse ses clients écouter des centaines de disques compacts. Ailleurs, les vendeurs sont tout disposés eux aussi à laisser le client écouter les disques, malheureusement, les postes d'écoute sont peu nombreux dans la plupart des magasins. La chaîne Ecoutez la musique, elle, en propose quarante à la disposition de sa clientèle.

Suivons un client au hasard : en voici un qui se dirige vers la section de jazz latino-américain. Il met des écouteurs, parcourt du regard les compacts empilés dix par dix sur un dispositif prêt à l'écoute, et appuie sur le bouton de démarrage après avoir fait son choix. Si le disque que le client désire écouter n'est pas dans les piles d'échantillons, il peut toujours s'adresser à un vendeur qui le lui fera écouter dans une autre partie du magasin.

Les magasins Ecoutez la musique sont aménagés de telle manière que le public ne résiste pas à la tentation de mettre des écouteurs. Inévitablement, les gens achètent plus qu'il n'en avaient l'intention au départ. Les locaux sont tellement bien conçus qu'ils incitent à l'achat. En permettant au public d'écouter les disques avant de les acheter, Ecoutez la musique s'est créée des « fans », non seulement de ses propres magasins, mais du disque en général.

Facilitez le premier pas

Une fois que vous avez trouvé les clients susceptibles de faire votre publicité, il faudra les aider à se lancer sans trop de difficulté. Ne les obligez pas à se compromettre au point de se trouver en difficulté ou de menacer leur prestige. Ne prenez pas non plus le risque de leur faire perdre de l'argent.

Donnez à votre client
le sentiment qu'il fait partie de l'équipe

L a dernière étape qui permet de transformer le client en propagandiste consiste à lui faire éprouver le sentiment qu'il fait réellement partie de votre équipe. D'ailleurs, il fait véritablement partie de votre équipe; simplement, il n'est pas payé. Dans ces conditions, me direz-vous, pourquoi veut-il intervenir?

Nous voyons trois raisons à cela :

1. Les clients éprouvent une satisfaction personnelle à aider les autres à découvrir un produit de qualité.

2. Les clients sont sensibles au prestige qui s'attache à la découverte avant les autres de quelque chose d'exceptionnel; ils sont flattés de pouvoir embrayer sur la nouvelle mode avant la grande masse des consommateurs.

3. Dès la première heure, naît la tentation de faire partie d'un groupe de privilégiés.

La société Rykä Incorporated intègre les professeurs d'aérobic dans l'équipe de chercheurs qui conçoit ses modèles. Sheri Poe, la fondatrice de l'entreprise, ne trouvait pas de chaussures confortables pour pratiquer l'aérobic. Après avoir cherché pendant plusieurs semaines, elle est arrivée à la conclusion qu'il n'existait pas de chaussures de sport pour les femmes, que celles-ci étaient obligées de se rabattre sur des modèles conçus pour les hommes, et ce en dépit des différences anatomiques.

L'entreprise de Sheri Poe ayant la vocation de satisfaire les besoins des femmes, elle a créé un système qui donne droit à des réductions sur les chaussures Rykä aux professeurs d'aérobic qui l'aident en échange à dessiner certains modèles, et lui donnent un retour d'informations sur ses articles.

La directrice de la stratégie et du marketing explique que le fait d'équiper les meilleurs profs de gym incite les élèves à adopter la marque. D'ailleurs, le simple fait qu'un moniteur porte des chaussures Rykä suscite une foule de questions... et de clients.

Ainsi, les membres du programme Entraînement corporel établissent-ils le contact dans les deux sens avec les clients potentiels de Rykä, en l'occurrence, les femmes qui prennent des cours d'aérobic. Ce programme – bien que le coût en soit minime – touche plus de vingt-mille moniteurs, c'est dire à quel niveau Rykä assure sa présence sur le marché!

Dans certains cas, les amateurs peuvent eux aussi rejoindre les équipes de vente. Un fabricant de machines rotatives recrute ses vendeurs parmi les volontaires qui possèdent déjà un de ses produits. Ces volontaires sont regroupés autour d'un programme* appelé Les Bons Voisins bénévolement ou contre une réduction, au moment où ils achètent un article de cette marque.

Ce matériel faisant l'objet d'un véritable culte de la part de leurs propriétaires, ces volontaires sont particulièrement fiers de leur achat. Aussi la marque possède-t-elle à la fois un réseau de concessionnaires et un réseau « virtuel » de fans. De plus, ses fans font connaître l'entreprise en donnant de précieux conseils aux clients potentiels.

N'oubliez pas vos collaborateurs

Bien que le thème de ce chapitre soit « Faites faire votre promotion par vos clients », n'oubliez pas de faire de même avec vos collaborateurs. Aussi nombreux soient-ils, ils peuvent faire votre pub, et pas seulement les directeurs, les vendeurs ou le personnel du marketing...

---

* *Programme : le terme « programme » constamment utilisé aux USA a un sens très complet dont nous n'avons pas réellement l'équivalent. Sous cette notion, on regroupe tout ce qui concerne une opération spéciale dans le cadre d'une stratégie marketing. Rien n'est laissé au hasard et le « programme » en lui-même, qu'il s'agisse de points de fidélisation, d'un club de consommateurs ou de toute autre initiative, est pensé, développé, analysé et exploité de A à Z simultanément et parallèlement au développement de la marque ou du produit.* Sophie de Menthon.

Tous les employés d'une compagnie aérienne du New Jersey font un stage au cours duquel on leur fait comprendre qu'ils sont aussi les VRP de leur entreprise. On les encourage (sans incitation pécuniaire) à rendre visite aux agences de voyages du lieu de leur résidence pour y vanter les mérites de leur compagnie.

Ainsi, au moment où les grandes compagnies aériennes réduisent leur force de vente, celle-ci agrandit la sienne. « *(...) en ayant neuf cents vendeurs potentiels, alors que les grandes compagnies ont cinq ou six représentants dans chaque grande ville. Rien que dans la région du New Jersey, nous avons cinq cents personnes qui travaillent à la vente* », déclare la responsable du marketing et des ventes de cette société.

Les agences de tourisme n'ont généralement pas l'occasion de rencontrer les personnels des compagnies aériennes, c'est pourquoi elles apprécient énormément les visites que leur font les collaborateurs de la sociéte Kiwi. Ces visites leur donnent la possibilité de mettre un visage sur le nom de la compagnie, qui devient alors plus proche et plus crédible à leurs yeux, donc plus appréciée et recommandée.

Un exemple totalement opposé nous est fourni par Eastern Airlines. En 1989, ses collaborateurs étaient envoyés dans les agences de voyages, non pas pour les inciter à vendre des billets d'Eastern Airlines, mais au contraire pour leur demander de ne pas proposer à leurs clients de voler sur Eastern Airlines, parce que la compagnie était en grève. Eastern Airlines n'existe plus aujourd'hui.

Exercice

Vos collaborateurs sont-ils tous suffisamment qualifiés pour traiter avec vos clients?

Que vous fassiez de vos propres collaborateurs ou de vos clients des propagandistes de votre entreprise, trouvez-leur un motif suffisant de la défendre. Trouvez les gens qu'il faut et faites en sorte qu'ils se sentent partie intégrante de votre équipe! Voilà encore de quoi affoler vos concurrents.

Interview : John Spencer

John Spencer était né pour exercer son métier. Il travaille pour l'entreprise Gore & Associates, qui inventa le Goretex. Spencer a créé une sociéte de fil dentaire vendu sous la marque Glide. Gore était un nom bien connu des fabricants de vêtements de plein air mais totalement inconnu dans l'univers dentaire, c'est pourquoi la marque a rencontré de grosses difficultés à s'imposer.

John Spencer s'est, lui aussi, servi de professionnels qui étaient sur place pour faire la publicité de son produit en déclenchant le bouche-à-oreille (sans jeu de mots!). A l'inverse des moniteurs d'aérobic, John Spencer a courtisé les dentistes pour atteindre le consommateur final. Dans son interview, il explique comment il a créé des accros du fil dentaire. Voici un extrait d'une interview du président.

Q : Pourquoi êtes-vous passé par les professionnels de la dentisterie pour implanter Glide sur le marché?

Nous avons constaté qu'il y avait deux marchés : celui des professionnels de la dentisterie et celui du consommateur final. Il nous fallait obtenir l'aval des professionnels de la dentisterie pour parvenir jusqu'au consommateur, c'est pourquoi, un an avant de vendre notre fil dentaire aux détaillants, nous avons commencé à distribuer des échantillons dans les cabinets dentaires. Il n'y a pas un dentiste des cinquante Etats des Etats-Unis qui n'ait reçu son échantillon de fil dentaire.

Ces professionnels avaient pris l'habitude d'acheter leur fil dentaire chez un concurrent. Nous leur avons envoyé un bon de commande, assorti de la promesse d'une remise importante pour chaque fil ou échantillon commandé. Par ailleurs, nous écrivions dans le courrier que nous leur adressions : « *Nous apprécierions beaucoup que vous demandiez aux magasins et aux pharmacies de votre localité qu'ils s'approvisionnent en fil den-*

taire Glide. » Dès que les dentistes se sont habitués à notre produit, ils ont appelé un point de vente, qui, à son tour, nous a appelés pour que nous leur vendions notre fil directement.

Lorsque vous n'avez aucune notoriété et que vous entrez pour la première fois dans une grande pharmacie, il y a peu de chances que l'on accepte de vous écouter. Lorsque nous avons décidé de les démarcher, ils avaient déjà reçu la visite d'un, ou de plusieurs acheteurs, qui possédaient déjà un échantillon. Du coup, nous n'étions plus pour eux de parfaits inconnus.

Q : Les dentistes ont-ils tous accepté vos échantillons sans hésitation?

En tout cas, ils les ont reçus puisque nous avions demandé la liste des dentistes auprès des principales associations de dentistes des Etats-Unis, nous permettant d'expédier un total de 225 000 échantillons à travers l'ensemble du pays.

Q : Est-ce que ce sont les patients qui ont fait connaître votre fil dentaire aux dentistes, ou bien le contraire?

Ce sont les cabinets dentaires qu'il fallait convaincre. Et en premier lieu parce qu'ils jouaient le rôle de prescripteur.

Q : Qu'est-ce qui vous a incité à choisir de distribuer des échantillons plutôt que de vous lancer dans une opération classique de marketing?

Lorsque le public a déjà entendu parler d'un produit, il est inutile de lui en parler une fois de plus, parce que vous n'obtiendrez aucun résultat efficace. En revanche, si vous donnez aux gens l'occasion de l'essayer, vous voyez la différence immédiatement. Nous avons entièrement fondé notre stratégie marketing sur le fait de commencer par faire circuler le produit.

Nous distribuons des échantillons à chaque fois que des dentistes se réunissent et nous sommes présents à toutes les manifestations professionnelles. Nous envoyons également des échantillons à un magazine féminin sportif. A chaque fois qu'un de leurs collaborateurs distribue un magazine en promotion aux spectateurs d'une épreuve sportive, il y ajoute un échantillon de fil dentaire Glide. Nous avons également glissé une publicité dans le numéro de mars 1994 de *Architectural Digest*. Sous un énorme placard où le mot gratuit était écrit, chaque exemplaire s'est vu attribuer un numéro donnant droit à un échantillon… gratuit.

Q : N'étiez-vous pas inquiets à la pensée de devoir investir tant d'argent pour toucher un grand public?

Nous avons investi progressivement. Nous avons mis six mois à distribuer nos 225 000 échantillons. Nous avons commencé par en envoyer 4 000 et nous avons attendu les retours et les commentaires.

Ensuite, nous avons repris nos envois, en faisant bien attention à être toujours en mesure d'honorer les commandes qui nous seraient adressées, de façon à ne pas entamer notre crédibilité pour cause de retards.

Q : Quel conseil donneriez-vous à une entreprise qui se lance et veut rivaliser avec les grands?

Si vous éduquez le consommateur en lui demandant de vous aider à éduquer ses congénères, soyez certain qu'il saura être persuasif.

Des tas de gens s'imaginent qu'il faut avoir la taille de Procter & Gamble pour réussir, mais on peut très bien persuader le public de la qualité de sa marque, même modeste, à condition de croire soi-même en son produit.

Chapitre 8

Faites du bon travail en travaillant pour la collectivité

« Les beaux visages sont ceux qui portent en eux
La lumière d'un bel esprit;
Les belles mains sont celles qui font
Des choses nobles, belles et vraies;
Les beaux pieds sont ceux qui vont
Pas à pas soulager d'un autre la peine ».

McGuffey's, *Second Reader.*

De l'art de louer des voitures

En 1994, la société de location de voitures Alamo a sponsorisé une exposition de quatre-vingts tableaux, intitulée « L'impressionnisme et le réalisme américain : peinture de la vie moderne de 1885 à 1915 ».

L'exposition a eu lieu au Metropolitan Museum of Art de New York avant de partir à Fort Worth, puis à Denver et Los Angeles. On pouvait y admirer des œuvres de John Singer Sargent, Mary Cassatt et Robert Henri.

Le public est venu très nombreux, permettant à cette agence de se donner l'image d'un grand de la location de voitures. Cet effort visait à briser le « cartel » des Hertz, Avis, National et Budget, les quatre mastodontes de la location de voitures, sur la base du principe qu'il faut faire quelque chose qui profite à la communauté, en même temps qu'à son entreprise.

Alamo a su magistralement assurer sa promotion en liant son nom à ceux des musées. Voici comment :

- L'entreprise a inséré des coupons de réduction dans les brochures distribuées aux visiteurs de l'exposition.

- Elle a également distribué des coupons de réduction aux acheteurs des boutiques du Metropolitan Museum (ainsi qu'aux treize autres points de vente ouverts pour la circonstance à travers le pays).

- Elle a distribué le jour de l'inauguration un guide permettant de se repérer dans l'exposition.

- Elle a fourni gracieusement des guides de voyages aux clients qui ont loué des modèles Cadillac dans les régions où avait lieu l'exposition.

- Alamo a reversé au musée 5 % du prix de ses locations.

Le sponsoring de cette exposition n'a pas eu que des effets directs sur les ventes. Il a eu trois conséquences, dont les effets peuvent ne pas apparaître très clairement à court terme, mais qui ont toutes les chances de se révéler efficaces à long terme.

1. D'abord, l'événement a grandement valorisé l'image d'Alamo. En effet, le public attribue le parrainage de ce type de manifestations aux très grandes entreprises prospères.

2. Ensuite, la location de voitures est un secteur très concurrentiel et le fait que la société Alamo soit associée à une activité artistique a rehaussé son image et hissé l'entreprise au-dessus du lot, lui donnant la réputation d'avoir du talent, du goût et de la créativité.

3. Avant l'exposition, le public associait Alamo à ces agences qui ne louaient leurs voitures que pour aller en vacances. Les expositions de New York, Dallas/Fort-Worth, Denver et Los Angeles ont fait prendre conscience aux voyageurs d'affaires que Alamo était aussi fait pour eux.

Trouvez une cohérence

L'exemple de la société Alamo illustre la manière d'accroître ses ventes et d'améliorer son image, tout en faisant quelque chose pour la société. (Quelle meilleure façon d'affoler vos concurrents?). Cette technique est hors du commun et contribue fortement à se différencier de la concurrence. Pour cela, il faut tout d'abord trouver un lien cohérent entre votre entreprise et l'activité philanthropique adéquate.

Dans le cas de Alamo, l'entreprise a su trouver un lien entre la location de voitures, donc des voyageurs qui se déplacent constamment à travers les Etats-Unis, et les scènes dépeintes dans les tableaux exposés. La liaison est vraisemblable, alors que le lien, par exemple, entre le tennis féminin (puissance, efficacité, forme physique) et Virginia Slims (une marque de cigarettes) n'a aucune raison d'être, à moins que la marque ne décide de démontrer que la dépendance des femmes à la nicotine les rend plus performantes!

Le cas de Virginia Slims démontre bien la nécessité de trouver un lien cohérent. Revoyez donc périodiquement la cohérence de vos campagnes de marketing. Au départ, le rapport entre le tennis féminin et le mouvement de libération des femmes (symbolisé par la liberté des femmes de fumer en public) était parfaitement admis. Depuis les grandes campagnes sur les dangers du tabac, cette assertion est devenue inacceptable.

E x e r c i c e

Trouvez le nom d'une entreprise qui pourrait établir une cohérence avec les causes philanthropiques suivantes :

a. Les enfants maltraités

b. Les adultes illettrés

c. Les sans-logis

d. Le cancer du poumon

Hanna Andersson confectionne des vêtements pour enfants. Elle est installée à Portland dans l'Oregon. En 1984, elle a lancé un programme intitulé Hannadowns qui permettait aux clients de retourner les vêtements Hanna Andersson usés, et de bénéficier en échange d'une réduction de 20 % sur des achats ultérieurs. L'entreprise a accordé pour 1,4 millions de dollars de réductions au total. Elle a, par ailleurs, redistribué 300 000 vêtements.

Gun Denhart, qui fonda l'entreprise, explique pourquoi la société s'implique ainsi dans des actions sociales : « *Il y a deux façons de regarder les problèmes de notre société. L'une qui consiste à dire : « Il n'y a rien à faire. Et l'autre, où l'on admet : « Tentons au moins quelque chose pour aider.* »

Hannadowns est un programme efficace parce qu'il est appliqué par une entreprise qui revendique une responsabilité sociale, qu'il redonne de la valeur à des vêtements qui sont désormais hors d'usage, qu'il permet de bénéficier d'une réduction de 20 %. Ces trois facteurs permettent au consommateur dépensier de surmonter son complexe de culpabilité parce qu'ils transforment l'acte d'achat en une bonne action, socialement utile.

Un dernier exemple pour finir. Les supermarchés Safeway et les ordinateurs Apple ont créé un programme qui permettait aux écoliers de collectionner les tickets de caisse des magasins Safeway et de les échanger contre des logiciels Apple. Ce type de promotion possédait un sens puisque l'un des point forts de Apple est le marché de l'éducation.

Tout le monde était gagnant dans cette affaire : les écoles, parce qu'elles s'équipaient en informatique et que, sans cette opération, cela serait resté en dehors de leurs possibilités financières ; Safeway, parce que ses magasins fournissaient une raison supplémentaire aux parents de venir chez eux ; et Apple, parce que l'entreprise pouvait mettre ses ordinateurs en plus grand nombre dans les mains d'étudiants, qui, elle l'espérait, ne manqueraient pas de dire à leurs parents qu'ils avaient besoin d'un Apple, et que ces étudiants, une fois devenus adultes, continueraient de se servir d'un Apple pour le restant de leurs jours, etc.

Choisissez votre cause dans un univers familier

Il ne suffit pas de trouver une cohérence, il est aussi hautement recommandé d'associer l'entreprise à une activité que vous connaissez et à laquelle vous êtes profondément attaché. Michel Egan, un des directeurs de Alamo et son principal actionnaire, est peintre. Cette situation – la sensibilité d'artiste d'un de ses dirigeants – a beaucoup aidé Alamo à mettre au point cette formidable campagne de promotion. Mais Alamo n'est pas le seul exemple.

■ La société Valvoline Instant Oil, Inc. de Lexington dans le Kentucky récupère de l'huile de moteur auprès des mécaniciens amateurs. Une estimation gouvernementale fait état de 750 000 tonnes d'huiles usées, dont ces amateurs disposeraient bon an mal an – soit trente fois la quantité de pétrole déversée par l'Exxon-Valdez lors de son naufrage catastrophique !

Valvoline s'est rendu compte que ses employés étaient fiers de participer à la lutte contre la pollution, et que les clients étaient reconnaissants d'avoir affaire à une entreprise antigaspillage. Les écologistes pouvaient donner Valvoline en exemple au public, puisque, grâce à elle, on pouvait recycler des déchets.

■ Reebok International sponsorise un programme TV qui met en scène des sportifs célèbres expliquant les diverses techniques en rapport avec leur discipline. Le programme est diffusé dans les lycées et les collèges via la chaîne privée de télévision éducative Channel One. Le programme de Reebok ne contient pas de publicité, mais le sponsoring permet à la société de faire état de son nom, de montrer son logo, ses produits et les athlètes qui les portent.

Le programme a coûté 2 millions de dollars à Reebok au total. Pour ce prix, l'entreprise a réussi à imposer son image de marque à de gros consommateurs de chaussures de sport, tout en permettant à de nombreuses écoles d'utiliser un matériel éducatif performant. Dans sa lutte à couteaux tirés avec Nike, Reebok use d'une cause que l'entreprise connaît bien : le sport, et s'en sert comme arme redoutable.

■ Pour finir, citons un grand magasin d'alimentation, Piggly Wiggly. Ce dernier va encore plus loin en laissant le choix au client entre plusieurs causes. En effet, il distribue 1 % du produit de ses ventes à plus de 90 associations à buts non lucratifs. Les clients choisissent la cause qu'ils veulent aider en envoyant leurs tickets de caisse aux organisations charitables proposées. Lorsque les reçus atteignent la somme de 2 500 dollars, Piggly Wiggly envoie 25 dollars à l'organisation concernée.

Mettez au point un mécanisme de retour sur investissement

Il faut savoir si vos efforts donnent des résultats tangibles et s'ils contribuent à renforcer votre image. Pour le vérifier, il faut évaluer le degré de réussite de vos tentatives. Il s'agit en effet de faire le bien et de bonnes affaires.

Pour cela, vous pouvez distribuer, par exemple, des coupons de réduction à des expositions et mesurer leurs taux de retour, lorsque les clients se présentent au magasin et achètent en demandant à bénéficier de la remise. C'est de cette façon que la société Alamo a constaté que l'exposition de tableaux était rentable.

Hanna Andersson mesure, de la même manière, le montant des réductions qu'elle a consenties grâce à son programme Hannadowns, et Apple sait combien d'écoles ont acheté des Macintosh en comptant les tickets de caisse de Safeway.

E x e r c i c e

Supposez que les efforts que vous avez déployés pour faire quelque chose pour la communauté ne vous aient pas fait gagner un seul franc supplémentaire. Poursuivriez-vous ?

Attention aux pièges !

L e dernier point à analyser concerne les dangers de la « gentille entreprise faisant de bonnes affaires ». Car il y a des pièges, sinon, ce serait trop beau pour être vrai. Rendez-vous compte : aider son prochain, améliorer son image, se faire connaître. Repérons donc les écueils :

■ Ne lancez pas de programmes de ventes promotionnelles de manière outrageusement ostentatoire. Des coupons dans une brochure, oui, installer de grandes bannières marquées Alamo, déroulées à l'entrée du musée, ce serait trop. Alamo a fait très attention à éviter des excès qui se retournent contre la marque.

■ Sachez que vous vous exposez à ce que l'on vous montre du doigt. Ce que vous faites va sembler insuffisant aux uns et injustifié à d'autres. On exigera, de toute façon, toujours plus de votre part.

Attention aussi à l'hypocrisie, elle se démasque vite et la presse s'en empare.

■ Vos efforts pour faire le bien en vous lançant dans les grandes causes du moment peuvent créer l'équivoque et attirer vers votre entreprise des collaborateurs qui vous décevront alors que s'éloigneront de bons candidats. Les qualités indispensables de vos collaborateurs sont encore et toujours, la compétence et la volonté de travailler dur, ce n'est pas le politiquement correct qui doit les motiver.

Exercice

Vous travaillez dans une entreprise où souffle l'esprit libéral. Un poste est à pourvoir. Après un entretien, vous découvrez que le candidat en face de vous est idéal. Pas de chance, il est socialisant et vous assène nombre de principes de partage de temps de travail, répartition des bénéfices, égalité dans les salaires, etc. Quelle est votre réaction ?

a. Je l'engage en envisageant un lavage de cerveau.

b. Je rejette sa candidature en pensant qu'il va polluer le climat social.

c. Je l'engage et on se met tout de suite au travail.

d. Je projette d'approfondir les choses pour voir si « au fond il n'a pas raison ».

Aux Etats-Unis, l'opinion politique du salarié équivaut de fait à une position économique. Au pays du libéralisme, on ne peut imaginer spontanément d'engager quelqu'un qui puisse avoir des opinions estimées contraires aux intérêts de l'entreprise. En France, si cette méfiance existe, elle fait partie du non-dit et il n'est pas question que le critère entre officiellement en ligne de compte lors d'un recrutement (Sophie de Menthon).

■ Faire des affaires n'est pas un jeu d'enfant. Il y a des moments où l'on est contraint de se montrer intraitable. Il peut vous arriver un jour d'avoir à fermer une usine et d'être obligé de fabriquer vos produits à l'étranger pour faire baisser les coûts. Etes-vous capable, vous et vos collaborateurs, qui faites du social avec tant de conviction, de prendre de telles décisions?

En dépit de ces chausse-trappes, si vous vous sentez irrésistiblement attiré vers une cause désintéressée qui peut trouver un prolongement dans votre entreprise, n'hésitez pas et faites quelque chose qui vous permettra en même temps d'affoler vos concurrents!

S'il n'y a pas de lien évident entre l'activité de votre entreprise et vos efforts pour faire le bien autour de vous, ne cherchez pas la publicité. Contentez-vous d'être le « bon samaritain » et, lorsque le moment viendra, vous serez récompensé. Et si par malchance, cela ne devait pas être le cas, vous aurez tout de même contribué à faire un monde meilleur. Un monde dans lequel vous vivez.

Interview : Steve Scheier

On peut dire ce que l'on veut de Steve Jobs, l'un des fondateurs de Apple, sauf qu'il n'a pas d'idées. En 1982, il a décidé que les enfants qui allaient à l'école primaire apprendraient à se servir d'un ordinateur. La personne chargée de mettre cette idée en application chez Apple s'appelait Steve Scheier. Ils avaient baptisé ce programme Kids Can't Wait (les gamins ne peuvent pas attendre).

Cette interview de Scheier montre bien ce qui se passe lorsqu'une entreprise essaie de faire quelque chose pour la société, tout en veillant à ses propres intérêts. Comme vous allez vous en rendre compte, dans cette démarche, il n'y a pas vraiment de démarcation nette entre l'affairisme à tout crin et l'idéalisme philanthropique.

Q : Qu'est-ce qui a décidé Apple à lancer le programme Kids Can't Wait ?

Il y avait deux raisons à cela. La première était que Steve Jobs voulait faire entrer la technologie de pointe à l'école. Il disait toujours que lorsqu'il était petit, il n'y avait pas d'ordinateurs.

La deuxième raison avait trait au marché : Steve Jobs cherchait un moyen de se développer et, grâce à cette initiative vers le monde scolaire, personne n'a oublié ce premier programme.

Q : Ce genre de programme ne bénéficiait-il pas d'exemptions fiscales ? Steve Jobs aurait-il lancé ce programme si Apple n'en avait pas bénéficié ?

Ce programme coûtait à peu près 5 millions de dollars. Cette somme a été réduite à 1 million après déduction fiscale. Le programme coûtait cher au départ, mais en définitive, c'est l'Etat qui en a supporté la plus grande partie sous la forme de déductions fiscales.

Cela dit, connaissant Steve comme je le connais, la réponse est : « Oui, sans déductions, il l'aurait lancé quand même ». Les déductions fiscales l'ont simplement rendu plus réaliste dans sa faisabilité.

Q : Steve Jobs a-t-il été capable de prévoir que les professeurs et leurs élèves s'enticheraient des ordinateurs Apple au point d'en faire vendre des quantités considérables, rien que par le bouche-à-oreille ?

Oui, certainement. Mais je ne pense pas que nous ayons tout prévu dès le départ. Nous nous doutions de ce qui allait arriver, sans en être sûrs évidemment.

Q : Et comment ont réagi les autres chez Apple?

Tout le monde, ou presque, a trouvé le programme formidable. En interne, chacun voulait faire quelque chose de différent; les collaborateurs ont vu là l'occasion unique de changer le monde et de progresser.

Les seuls qui étaient contre étaient nos représentants en matériel éducatif; ils avaient peur que le programme détruise leur marché. Deux ans plus tard, quand ces gars-là ont pris leur retraite, ils étaient devenus millionnaires...

Q : La rumeur a couru que vous n'étiez pas d'accord avec Steve Jobs sur la façon d'implanter les ordinateurs dans les écoles? Que s'est-il passé exactement?

Je voulais qu'on distribue les ordinateurs par secteur administratif, chacun de ces secteurs les répartissant dans sa zone. Mais Steve s'est mis à pousser des hurlements lorsqu'il a entendu cela. Il m'a dit que j'étais complètement fou, qu'il fallait absolument envoyer un ordinateur dans chaque école. Je lui ai répondu à l'époque : « Steve, ils ne seront jamais d'accord », mais c'est lui qui avait raison. Les chefs d'établissement ont été d'accord.

Il ne faut pas perdre le contact avec l'utilisateur final, ou le client. Steve pensait que si on les distribuait par secteur, on ne saurait jamais ce qu'ils deviendraient, alors que si on les donnait dans les écoles directement, il y avait plus de chances que les enfants s'en servent.

Q : Vous n'êtes pas les seuls à avoir distribué des ordinateurs dans les écoles, pourquoi les autres n'ont-ils pas réussi?

Les programmes de IBM, Tandy et Hewlett-Packard sont tous sortis avant le nôtre. Nous avions très peur qu'ils nous « coupent l'herbe sous le pied ». Or, ils n'étaient pas mal faits, mais ils n'enthousiasmaient pas les élèves ni leurs professeurs.

Le programme IBM, à l'instar de tous les programmes de toutes les autres sociétés informatiques, sélectionnait des « écoles pilotes ». Le raisonnement était le suivant : « *Nous avons sélectionné votre école et nous allons vous apprendre à vous servir des ordinateurs. Pour cela, nous vous donnons tous les ordinateurs dont vous avez besoin, et c'est gratuit. Vous serez une école pilote.* »

L'approche de Apple était plus égalitaire car il était plus satisfaisant de donner un ordinateur à toutes les écoles. La leçon à tirer de cette expérience est que si vous voulez affoler vos concurrents, il faut une grande idée. IBM avait du répondant en ce qui concernait sa force de vente et ses équipes de marketing, mais il lui manquait une grande idée ambitieuse.

Les écoles pilotes, ce n'était pas une idée généreuse, alors que distribuer un ordinateur à toutes les écoles, ça c'était une grande idée! Visez haut et sortez des sentiers battus.

Faites

les choses

comme il faut

les faire

Si vous voulez continuer à affoler vos concurrents avec succès, vous avez un certain nombre de choses à faire, mais ce n'est pas suffisant, vous n'y parviendrez qu'à la condition de faire comme il faut ce que vous avez à faire. Nous consacrerons la troisième partie de cet ouvrage à développer les quatre conditions qui permettent d'agir comme il convient pour affoler ses concurrents.

1. S'assurer d'entrée la fidélité du client et veiller à l'entretenir le plus souvent possible (chapitre 9 : Fidélisez les clients à votre marque).

2. Elargir la moindre fissure qui pourrait apparaître dans la carapace de son concurrent jusqu'à en faire un trou béant (chapitre 10 : Faites une montagne d'une souris).

3. Eliminer son concurrent en se liant d'amitié avec lui, plutôt qu'en tentant de le détruire (chapitre 11 : Faites-vous des amis de vos concurrents).

4. Repousser la brute qui piétine vos plates-bandes (chapitre 12 : Empruntez sa fronde à David).

Chapitre 9

Fidélisez les clients à votre marque

« Ne croyez pas que parce que vous ferez comme si votre concurrent n'existait pas, vos clients l'ignoreront aussi ».

Margie Smith,
premier vice-président de Mark Ponton Corporation.

La logique dite polonaise

E n 1972, à l'époque où je passais mon baccalauréat, les machines à calculer étaient en pleine évolution. Ce n'est que quelques années plus tard, alors que je poursuivais des études supérieures, que je me suis servi pour la première fois d'une calculatrice électronique. C'était une H-P 35 de marque Hewlett-Packard, capable de faire les quatre opérations : addition, soustraction, multiplication et division.

Elle utilisait une logique inhabituelle appelée logique polonaise inverse. Concrètement, cela voulait dire que pour additionner deux nombres, vous tapiez le premier sur le clavier et vous appuyiez sur la touche Entrée, puis vous deviez taper le second avant d'appuyer sur la touche +. Exemple : 2, Entrée, 2, +.

D'autres calculatrices ont rapidement pris place sur le marché. La plupart d'entre elles ont adopté la notation algébrique : vous tapiez le premier nombre, ensuite vous appuyiez sur la touche +, tapiez le second nombre, et pour finir, vous appuyiez sur la touche =, comme ceci : 2 + 2 =.

Après la H-P 35, je suis passé à la H-P 65, puis la H-P 41, la H-P 92 et la H-P 120. Toutes obéissent à la logique polonaise inverse. J'ai utilisé durant toutes mes études cette logique polonaise, c'est ainsi que j'ai continué depuis lors à me servir d'une calculatrice Hewlett-Packard.

Loin de moi l'idée de me mettre en avant. Par cette anecdote, j'ai simplement voulu montrer au lecteur comment une entreprise pouvait affoler ses concurrents en fidélisant les clients à sa marque lorsque ceux-ci sont encore jeunes et nouvellement entrés dans la vie active.

Exercice

Faites le compte des biens et des services que vous utilisez. Quelle est la proportion de ceux que vous avez commencé à utiliser lorsque vous étiez jeune, et que vous n'avez jamais abandonnés ?

Un processus à systématiser

Si j'avais commencé par me servir d'une calculatrice algébrique, je ne me serais probablement attaché à aucune marque particulière, étant donné que seule la société Hewlett-Packard commercialisait les calculatrices à logique polonaise, à l'exclusion de toutes les autres. A vrai dire, ma fidélité à Hewlett-Packard tenait essentiellement au fait que la H-P 35 était la première calculatrice à faire son apparition sur le marché. En dehors de cela, Hewlett-Packard n'avait pas fait grand-chose pour me fidéliser.

Il vaut beaucoup mieux, évidemment, fidéliser systématiquement le client à la marque plutôt que de compter sur la chance ou d'espérer être à tous les coups le premier sur le marché. La chance viendra d'elle-même… après. Prenons l'exemple des supermarchés Dick qui possèdent huit magasins répartis dans deux Etats : l'Illinois et le Wisconsin. Ils contactent les prospects par courrier. Ce mailing a pour objectif de gagner et fidéliser de nouveaux venus à la marque.

Les employés des magasins font la liste des nouveaux arrivants dans les zones desservies par les supermarchés Dick : couples nouvellement mariés, familles agrandies par une naissance… Cette liste provient des petites annonces, des publications de sociétés ou des chambres de commerce ainsi que d'informations obtenues çà et là de différentes façons.

Le directeur général du supermarché Dick le plus proche adresse une lettre aux nouveaux arrivants et aux jeunes mariés, leur souhaitant la bienvenue. Il joint six coupons à cette lettre, permettant aux nouveaux venus de choisir deux articles gratuitement dans les rayons du supermarché, et ce chaque semaine. « *Si nous parvenons à les faire venir six fois chez nous*, déclare William Brodbeck, président des supermarchés Dick, *nous pensons avoir de bonnes chances d'en faire des clients réguliers.* »

Deux semaines et demie après la première lettre, William Brodbeck envoie une deuxième lettre avec six coupons supplémentaires ainsi qu'un questionnaire portant sur le magasin, à lui retourner, port payé. Dans sa lettre, William Brodbeck remercie le destinataire. Il le remercie d'avoir utilisé les coupons. Comment le sait-il, vous demandez-vous peut-être? Il ne le sait pas, en réalité. Il se contente de le supposer et d'envoyer ses remerciements à tous.

Finalement, un an après avoir envoyé la première lettre, le supermarché Dick adresse une troisième lettre dans laquelle on a inséré un dernier questionnaire et un coupon donnant droit à une réduction sur un article du type baguette de pain, tarte aux pommes ou bouquet de fleurs.

Les nouveau-nés reçoivent aussi des coupons avec une lettre qui commence ainsi : « Voici ta première lettre commerciale ». Les parents peuvent demander le remboursement des coupons, et pour l'anniversaire de l'enfant, Dick écrit à ses parents, en joignant à la lettre un coupon donnant droit à un gâteau d'une valeur de deux dollars.

Il n'y a pas de temps à perdre

Les exemples des supermarchés Dick et des calculatrices Hewlett-Packard illustrent parfaitement la nécessité d'établir rapidement le contact avec le client ; rapidement pouvant signifier dès son déména-gement dans un autre voisinage, ou même dès sa naissance. Certaines sociétés qui planifient à long terme créent des programmes destinés à récupérer les enfants des clients et à les fidéliser dans la mesure du possible. D'après ces sociétés, les enfants ont l'avantage de représenter trois marchés en un :

- Le marché principal : l'enfant dépense lui-même de l'argent, après avoir fait son propre choix.

- Le marché secondaire : l'enfant exerce une influence sur les achats que font ses parents.

- Le marché futur : à l'avenir, l'enfant pourra être un client important, lorsqu'il jouira de revenus substantiels.

La chaîne d'hôtels Best Western International Inc. a élevé à la hauteur d'une science l'art de fidéliser très tôt le client à sa marque. Elle le prend dans ses filets à un âge tendre, grâce à son club des jeunes voyageurs (Young Travelers Club), qui consent des réductions de prix aux gamins de huit à douze ans.

L'enfant qui accompagne ses parents à l'un des hôtels Best Western devient membre de ce club, on lui donne une carte de membre, un « journal de bord », sorte de bloc-notes qui lui permettra d'enregistrer les voyages qu'il a effectués, ainsi que la « mallette du parfait petit aventurier voyageur ». Cette mallette contient un jeu de fiches que l'enfant consultera avec profit lorsqu'il voudra se renseigner sur l'histoire d'un Etat en particulier, un magazine de voyages pour enfant, des décalcomanies et un tas de petites choses amusantes.

A chaque fois qu'un membre du club – ou ses parents – dépense un dollar à l'hôtel, il a droit à un point qui, ajouté à d'autres, lui permettra d'acheter une gourmandise qu'il choisira sur un catalogue. Les parents peuvent aussi collectionner les points pour leurs enfants. Plusieurs hôtels de la chaîne prévoient d'aménager un local pour les « jeunes voyageurs », où les enfants trouveront toutes sortes de distractions, depuis les livres et les magazines jusqu'aux jeux électroniques.

« *Il est beaucoup plus économique d'investir tout de suite auprès des enfants que d'attendre qu'ils deviennent adultes; car les grandes personnes changent difficilement d'avis* », déclare Deborah Morehead, la directrice du marketing, du planning et du développement de GS America, la société qui a développé le concept de Young Travelers Club.

Tom Dougherty, directeur des loisirs et de la stimulation des marchés de Best Western International affirme : « *L'objectif est de développer la prochaine génération des clients de Best Western.* » Tom Dougherty ajoute que les enfants ont une influence non négligeable sur les choix que font leurs parents en matière d'achats.

Le programme accumule les données sur les clients de Best Western, les enfants sont suivis à la trace, année après année, dans l'espoir qu'ils finissent par devenir des clients réguliers.

Délimitez les cibles visées

L a meilleure façon de fidéliser le client consiste à viser une clientèle précise et bien délimitée. La plupart des entreprises s'efforcent de ratisser large, elles veulent plaire à tout le monde et finissent par ne plus attirer personne. Ne faites pas comme elles, ciblez votre clientèle.

C'est ce qu'a fait Polaroïd. Le fabricant d'appareils photo à développement instantané a fidélisé le milieu très restreint des agents immobiliers, grâce à la mise en place d'un programme intitulé Atelier photographique Polaroïd d'agences immobilières. Les agents immobiliers qui participaient à ces ateliers apprenaient à utiliser la photographie comme un moyen de traiter plus efficacement avec leurs clients.

On leur expliquait que les photographies aidaient le client à garder constamment en mémoire la maison qu'on lui avait fait visiter et à visualiser le genre de vie qu'il pourrait y mener s'il devait l'acheter. Bien entendu, on attendait des participants qui seraient convaincus par ces arguments qu'ils se servent ensuite de films et d'appareils Polaroïd.

Chacun d'entre eux payait 10 dollars le droit de recevoir un Polaroïd modèle 600 Business Edition, ainsi qu'une pellicule et un manuel d'instruction. Ils faisaient automatiquement partie du « club des privilégiés de Polaroïd » qui soignait ses adhérents à coups d'offres spéciales et de remises, entre autres avantages.

Polaroïd fidélise sa clientèle de trois manières différentes. 1°) En vendant un produit qui donne des résultats. Les agents immobiliers ont besoin de photos qu'ils puissent donner sur-le-champ à leurs clients potentiels. 2°) Les agents immobiliers sont extrêmement sensibles à l'attention que leur porte la société Polaroïd. Ils ont le sentiment d'être désirés. 3°) Les agents immobiliers se familiarisent avec les produits Polaroïd. Il existe d'autres entreprises qui commercialisent des films et des appareils similaires, mais les agents immobiliers ne les connaissent pas, et n'ont pas l'intention de perdre du temps à chercher à s'informer.

Peut-être vous posez-vous la question de savoir quelle est la différence entre une cible restreinte, comme nous venons de la définir, et un créneau. Un créneau est déterminé en général sur la base des caractéristiques particulières d'un produit, par exemple la rapidité, le coût, la taille ou la facilité d'emploi. Ces caractéristiques sont objectives, mesurables et apparentes le plus souvent. Une cible restreinte, en revanche, n'est pas déterminée par les caractéristiques du produit mais par les clients d'un marché particulier. Les cibles restreintes appartiennent donc à des marchés verticaux, par exemple des agents immobiliers, médecins, enseignants, ménagères, etc.

Le marché de l'automobile de l'année 1932 fournit un bon exemple de cible restreinte, bien que son évocation réveille encore en nous un sentiment de honte. General Motors était sur le point d'abandonner la fabrication de ses prestigieuses Cadillac, ces voitures de luxe ne se vendant plus. Mais Nick Dreystadt, qui dirigeait le service après-vente, s'est vite rendu compte que celles qu'on lui rapportait à l'usine pour vérification étaient, en grande majorité, conduites par de riches représentants de la communauté noire. Cette constatation était d'autant plus frappante qu'il était contraire à la politique de General Motors de vendre des Cadillac à des Noirs.

Il apparaissait que ces propriétaires de Cadillac – stars du show-biz, champions sportifs, médecins, agents immobiliers – considéraient la voiture de luxe de la firme General Motors comme le symbole de leur exceptionnelle réussite ; pour contourner l'interdiction qui leur était faite d'acheter des Cadillac, ils payaient des Blancs qui leur servaient de prête-noms. La société de l'époque ne permettait pas à ces consommateurs d'acheter des maisons de standing ni de fréquenter les stations huppées, ils se raccrochaient donc à des symboles du succès relativement plus accessibles comme la Cadillac.

Nick Dreystadt a réussi à persuader la direction de General Motors de continuer à produire le modèle Cadillac et à lui permettre de vendre cette voiture à la clientèle noire. Deux ans plus tard, en 1934, la marque Cadillac était redevenue rentable : Nick Dreystadt avait trouvé la cible restreinte.

Choyez vos clients

Une fois qu'un client est fidélisé, il est dommage de le perdre. On peut contrôler certains paramètres : en assurant un suivi et un service après-vente, par exemple. D'autres paramètres – tels que le déménagement d'un client dans un secteur géographique éloigné – sont incontrôlables.

Les entreprises qui ont réfléchi à la question construisent un véritable cocon autour de leurs clients pour endormir leur vigilance, les mettant bien au chaud à l'abri de la concurrence. Elles font appel à des techniques basées sur la fréquence d'utilisation de leurs produits ou services par leurs clients, techniques qui visent à faire revenir périodiquement le client. Voici trois exemples de ces programmes de marketing relationnel que nous avons extraits d'une lettre d'information intitulée *Colloquy*.

■ Le *New York Times* a créé un programme intitulé Transmedia Times Card destiné à livrer directement au domicile de ses souscripteurs. Ce programme a pour but de réduire les annulations de commandes. Il préconise à cet effet la livraison à domicile que le client doit payer à l'avance. Les avantages consentis aux membres de Times Card – réductions dans un certain nombre de restaurants et de magasins de New York – incitent les clients à souscrire à ce programme. Un restaurant prestigieux, le Lutèce, sert gratuitement son célèbre soufflé à tout possesseur d'une Times Card.

■ La société de courses Federal Express a créé le programme Express Plan. Les clients se voient attribuer 100 points pour toute expédition d'une valeur globale de 25 dollars. Ces points leur donnent droit à toutes sortes de réductions, à des voyages gratuits, des repas au restaurant, des équipements de bureau et toute une série de cadeaux qu'ils choisissent dans un catalogue qu'Express Plan a rédigé à cet effet. Federal Express s'est rendu compte que le sweepstake et les jeux rapportaient à l'entreprise à court terme uniquement, alors que son programme de fidélisation engendrait des résultats bien supérieurs sur le long terme.

■ Arby est un des premiers fast-foods à avoir eu recours à cette méthode. Pour faire partie du club Arby, il suffit de remplir un formulaire. On reçoit une carte de membre sur laquelle s'inscrivent les points qui donneront droit aux plats préparés par la chaîne de restaurants, ainsi qu'à d'autres produits ou services comme, par exemple, ceux de Universal Studios et Minit-Lube. Un des fast-foods

Arby de Sacramento en Californie estime avoir doublé son chiffre d'affaires avec le programme de fidélisation.

Exercice

Si vous n'avez pas créé un programme de fidélisation, pour laquelle de ces quatre raisons y avez-vous renoncé?

a. **Je n'y ai pas renoncé, je n'y ai tout simplement pas pensé.**

b. **Par paresse.**

c. **Par bêtise.**

d. **Je ne cherche pas à fidéliser le client.**

Les règles du succès

Depuis que des centaines de programmes de fidélisation ont été mis en œuvre de par le monde, un certain nombre de règles ont pu être établies. Voici quelques conseils qui en ont été tirés :

■ Définissez votre objectif.

En général, on crée un programme de fidélisation pour développer les ventes auprès d'une clientèle déjà existante. Si vous vous trouvez dans une situation telle que vos clients vous sont tout acquis, vous ne ferez que gaspiller votre argent si vous leur faites des cadeaux ou si vous leur consentez des réductions. Si, par contre, votre objectif est de créer un mouvement d'opinions favorables, vous aurez tout à fait raison de procéder au lancement d'un programme de fidélisation dont le but n'est pas d'augmenter directement votre chiffre d'affaires.

■ Proposez une ligne de produits complète.

N'espérez pas fidéliser la clientèle à votre marque si vous n'avez pas l'intention de combler une bonne partie de ses besoins. Par exemple, vous pouvez toujours instaurer un système de points aux kilomètres parcourus, vous ne parviendrez pas à fidéliser les clients à votre compagnie aérienne si vous ne desservez pas les destinations qu'ils réclament.

■ Maintenez un niveau de qualité élevé.

Dans une interview qu'il a donnée à *Colloquy,* Mike Gunn, directeur du marketing d'American Airlines, déclare : « *(...) nous n'avons jamais fait l'erreur de croire que des vols gratuits pourraient faire oublier la mauvaise qualité du service proposé.* » Les programmes de fidélisation renforcent les bonnes relations, mais ne peuvent en aucun cas remplacer la qualité du produit ou service. Quel que soit le système de fidélisation de Federal Express, vous n'utilisez son réseau que dans la mesure où vos colis arrivent à l'heure à destination.

■ Instaurez plusieurs niveaux de fidélisation.

Je suis membre de plusieurs clubs de fidélité de compagnies aériennes, pourtant je commence toujours par essayer de voler sur United Airlines, parce que je veux accéder au statut de Premier Executive, privilège réservé aux voyageurs qui parcourent au moins 80 000 kilomètres par an. Le principal avantage que je retirerai de ce statut, c'est qu'il me donnera la possibilité de voyager en première classe à prix réduit en me faisant surclasser 72 heures avant le départ. Il existe d'autres statuts moins avantageux que Premier Executive qui surclassent 24 heures avant le départ. A ce moment-là, malheureusement, les premières sont, en général, complètes. L'existence du statut de Premier Executive me conduit donc à demeurer résolument fidèle à United Airlines.

■ Equilibrez avantages directs et indirects.

Un avantage direct est aisément quantifiable; c'est le cas d'une réduction, par exemple, ou d'un voyage gratuit. Les avantages indirects sont plus difficiles à apprécier. Cela peut être des numéros de téléphone d'assistance, l'accès à des comptoirs d'enregistrement réservés, toutes choses qui donnent au passager le sentiment de ne pas être un simple numéro. Ce n'est pas en octroyant des avantages directs que les compagnies aériennes donnent au client le sentiment qu'il est pris au sérieux. D'ailleurs, les concurrents ont vite fait de surenchérir sur les avantages directs, déclenchant de ce fait une guerre particulièrement destructrice. La solution : faire bénéficier le client des deux types d'avantages à la fois, de façon à développer en lui un état d'esprit favorable à la compagnie.

■ Evitez de tout compliquer.

Les systèmes de fidélisation ont été créés pour une raison très simple : établir une relation durable. Ils ont pour objectif de faire passer un message d'une grande simplicité : plus le client fera affaire avec l'entreprise, plus l'entreprise saura l'apprécier. Si vous faites des programmes compliqués (prendre l'avion de préférence les lundis et les vendredis des années bissextiles en passant la nuit du samedi...), vous allez brouiller le lien qui unit la compagnie à ses clients.

■ Procurez des avantages inédits.

Les entreprises qui utilisent les programmes de fidélisation sont de plus en plus nombreuses, il devient, par conséquent, de plus en plus difficile d'attacher durablement les clients... à moins de trouver quelque chose d'inédit. Le fabricant de vêtements de sport Road Runner Sports incite les membres de son club à lui retourner leurs vieilles chaussures de sport et à remplir un questionnaire sur la course à pied. Road Runner peut ainsi conseiller chaque client en particulier pour son prochain choix.

Exercice

Quels sont, d'après vous, les effets des actions mentionnées ci-dessous sur les clients réguliers de telle ou telle entreprise?

a. Des compagnies de téléphone qui offrent de meilleures conditions aux nouveaux clients qu'à leurs vieux abonnés.

b. Des magazines qui proposent des conditions plus avantageuses aux nouveaux abonnés.

c. Des fabricants de logiciels qui font payer une actualisation plus chère que le logiciel d'origine.

Attaquez-vous aux privilèges que vos concurrents octroient à leurs propres clients

Les entreprises dynamiques ne se contentent pas de choyer leurs clients, elles s'emploient à détruire le cocon que les concurrents ont patiemment tissé autour de leurs propres clients. Pour ce faire, il faut être patient avant tout. Ne croyez pas que vous allez d'emblée, et pour toujours, détourner à votre profit un client de la concurrence. La première étape se fera en provoquant un changement dans les habitudes du consommateur lorsqu'il aura testé votre produit.

Pour que des tests de cette nature soient concluants, il faut que l'opération soit rentable, même s'il s'agit d'un changement temporaire pour le client. Prenons le cas difficile d'une compagnie très compétitive. Il faudrait obtenir que le client renonce aux milliers de kilomètres qu'il a accumulés grâce au programme de fidélisation de cette compagnie.

La compagnie aérienne Virgin Atlantic a trouvé une solution à ce problème. Elle a encouragé les clients de British Airways à lui envoyer le relevé de leur carte de membre du British Airways Executive Club qui fait apparaître le kilométrage parcouru au titre du programme de fidélisation. Les clients qui totalisaient plus de 16 000 kilomètres avaient droit à des billets gratuits en première classe et en classe affaires pour des personnes les accompagnant. Pour ceux qui n'atteignaient pas le total de 16 000 kilomètres, Virgin Atlantic proposait un propramme de fidélisation intégrant le kilométrage déjà effectué sur British Airways.

Les clients qui avaient rejoint Virgin Atlantic avaient toutes les chances de rester fidèles à cette compagnie. Par conséquent, la première expérience des clients de British Airways avec Virgin Atlantic revêtait une importance capitale. Cette stratégie de Virgin mise au point pour « piquer » les clients de British Airways a rendu ces derniers absolument dingues !

Quelle que soit la technique que vous employez, veillez à fidéliser le client à votre marque dès que possible et rapidement. Tâchez de vous rapprocher de vos clients de telle sorte que vos concurrents ne trouveront pas de parade, et qu'ils seront obligés de vous abandonner le terrain.

Chapitre 10

Faites une montagne d'une souris

« Toute grande entreprise a sa propre logique. »

Richard Pascale, *The Art of Japanese Management.*

Le triomphe des lettres minuscules

Des années durant, les sociétés de vente par correspondance se sont battues « comme des chiffonniers » pour arriver à se constituer une clientèle. C'est ainsi que les sociétés Sears & Roebuck et Montgomery-Ward se sont livrées une concurrence d'autant plus acharnée qu'elles utilisaient l'une comme l'autre un catalogue de leurs produits comme vecteur de vente direct aux populations des campagnes. Montgomery-Ward fonda la société qui porte son nom en 1893, Richard Sears la sienne quelque vingt ans plus tard. Or, en moins de huit années, Sears dépassa Montgomery-Ward comme premier vendeur par correspondance des Etats-Unis et domina le marché pendant quarante ans.

Cette impitoyable rivalité contient une leçon importante, à savoir qu'il faut toujours faire mousser le moindre avantage aux yeux du public. Mettez-vous un instant à la place des ruraux qui vivent assez éloignés de tout : des catalogues de vente par correspondance leur permettent d'échapper au monopole des détaillants du chef-lieu. Ils en consultent pour commander les chaussures, les vêtements ou les accessoires de pêche dont ils ont besoin. Les deux catalogues concurrents se trouvant posés l'un sur l'autre, lequel sera choisi d'abord? Celui qui se trouve sur le dessus de la pile, donc le moins épais parce qu'imprimé en plus petits caractères. En effet, si l'on place le plus lourd au sommet de la pile, il risque de glisser à terre. De cela, Sears tira modestement profit en imprimant un catalogue moins volumineux que celui de son principal adversaire.

L'objet du présent chapitre est d'illustrer l'art et la manière de faire mousser le plus petit avantage d'un produit donné et de se distinguer ainsi de ses rivaux. N'oublions pas que Sears représentait l'entrepreneur type. Son premier succès dans la distribution, il le remporta à l'époque où il n'était encore qu'un simple chef de station d'une ligne de chemin de fer, en 1886. Un joaillier grossiste avait expédié par erreur une caisse de montres fantaisie à un horloger local qui refusa l'envoi. Après avoir jeté un coup d'œil aux montres, Sears se dit qu'il pourrait les écouler lui-même. Il passa la journée à télégraphier aux autres préposés de la ligne et revendit le tout avec un honnête bénéfice. Sans doute est-ce le premier exemple dans l'histoire du télé-achat.

Sears fut aussi l'inventeur de ce que nous appellerons la diffusion par réseau. Voulant élargir le cercle de ses fidèles, il proposa à ses plus fidèles clients de remettre un exemplaire du catalogue à vingt-quatre parents ou amis contre une promesse de prime dès la première commande par l'entremise de l'une des personnes contactées. C'est ainsi que vos clients deviennent vos plus solides propagandistes.

Mettez-vous à la place de votre client

Pour exploiter le moindre avantage, il est indispensable de se mettre à la place du client. Deux anecdotes concernant des enfants éclaireront mon propos.

La première concerne une petite fille qui achetait toujours ses bonbons dans une modeste boutique, de préférence au nouveau supermarché situé à deux pas de là. Interrogée sur les raisons de son choix, la fillette répondit : « *C'est parce que le monsieur de la boutique en met toujours plus dans le sac, tandis que la dame qui pèse les bonbons au supermarché, elle en enlève toujours!* » En effet, les employés du supermarché excédaient régulièrement la mesure et devaient par conséquent retirer quelques bonbons pour obtenir le poids exact demandé, alors que le petit boutiquier, lui, en usait différemment, si bien que les enfants étaient persuadés qu'ils étaient gagnants.

E x e r c i c e

Vous avez le choix entre deux pompes à essence, l'une pratiquant un prix légèrement supérieur avec un rabais pour tout règlement en liquide, l'autre, au prix un peu plus bas, vous fait cadeau de quelques litres de plus pour un achat par carte de crédit. Laquelle de ces deux pompes fréquenterez-vous?

La deuxième histoire concerne un collège de Virginie qui ne parvenait pas à recruter suffisamment d'élèves pour un cours intitulé « Leçons d'économie ménagère destinées aux garçons », ce qui ne semblait guère attrayant. Se mettant alors à la place des élèves, la direction attribua un autre titre au cours : « Vie des célibataires mâles »; cent vingt jeunes gens s'inscrivirent aussitôt.

La morale de ces deux histoires est qu'il faut toujours se mettre à la place du client pour mieux le séduire. Un court instant, imaginez que vous soyez Richard Sears : par quel moyen pousserez-vous le public à choisir votre catalogue? En offrant des vêtements pour très grandes tailles, en imprimant le texte plus gros pour en faciliter la lecture ou en reproduisant des extraits de certains anciens almanachs?

Bref, en prenant, pour un instant, la place des consommateurs, on sera mieux à même de comprendre quels sont leurs besoins et de valoriser ainsi ses propres atouts. Ajoutons que ces atouts sont de trois ordres : 1) la simplification des problèmes; 2) la réduction des coûts; 3) l'utilisation judicieuse du conditionnement comme outil publicitaire.

La simplification des problèmes

Tel garage propose à ses clients désireux de faire vidanger leur voiture d'envoyer un chauffeur conduire la voiture le soir à l'atelier, et la ramener le lendemain matin. Ainsi, au lieu de devoir se déplacer eux-mêmes et attendre pendant des heures, ils n'ont qu'à se donner la peine de passer une bonne nuit de sommeil, puisqu'un employé du garage prendra livraison du véhicule à vidanger et à graisser le soir et la retournera le lendemain matin. (A ce propos, vous est-il déjà arrivé de repartir au bout de précisément neuf minutes d'une station-service qui s'engageait à effectuer le travail en neuf minutes?).

C'est dans le même esprit qu'une banque épargnera aux usagers la peine de se rendre aux guichets pour de simples opérations d'écritures qui ne nécessitent pas une manipulation de liquide : un coursier est à leur disposition au tarif d'un dollar pour le déplacement. Le directeur général de cette banque déclare dans une interview que cette nouveauté ressort de la politique constante de son établissement, qui est d'offrir à sa clientèle un nouveau service unique dans la catégorie, visant plus particulièrement les responsables de petites entreprises ne pouvant s'absenter longtemps ou trop souvent de leur entreprise.

Il n'est pas ici question de technologie aérospatiale avancée, mais seulement d'initiatives minimes destinées à faciliter la vie des clients, à les fidéliser et à se démarquer ainsi de la concurrence. Nous pouvons en déduire la règle générale suivante : il faut diagnostiquer les problèmes des clients potentiels et essayer de les résoudre.

La réduction des coûts

Un autre exemple de ces détails qui font la différence concerne les procédés permettant de réduire certaines dépenses. C'est pour cet objectif que l'on aura recours aux numéros verts, aux enveloppes préaffranchies et aux livraisons franco de port.

Ameritech, un réseau de téléphone du Middle West, estimé à 20 milliards de dollars, en est l'illustration frappante : l'entreprise a inventé un système d'appels à deux signaux différents, selon qu'il s'agit d'appels ordinaires ou de communications à longue distance. (Remarque personnelle : si Ameritech inventait un troisième signal permettant d'écarter les importuns, j'envisagerais sérieusement de m'installer dans le Middle West). De la sorte, les abonnés ont la possibilité de réduire le montant de leur facture en ne répondant qu'aux appels à longue distance au lieu de devoir rappeler à leurs frais. Voilà bien de quoi séduire une clientèle toujours désireuse d'économiser sur les factures ! Si vous aviez le choix entre un service téléphonique accordant de tels avantages et un autre qui ne les offre pas, lequel choisiriez-vous ?

Du conditionnement comme instrument publicitaire

Le packaging entre dans la catégorie de ces détails qui font la différence. Il est, en effet, un argument indispensable pour mieux vendre.

Je vous propose trois exemples :

■ La société L & F (New Jersey) présente ses couches pour bébés dans un cube en plastique de couleur vive. Comparables à ceux du Lego, ces cubes de quatre couleurs différentes pourront, après usage, devenir un jouet pour bébé, ou servir de vide-poches aux parents ou encore de récipient pour un nouvel assortiment de couches.

■ Amurol, un confiseur de l'Illinois, vend ses caramels dans une boîte en plastique, munie d'un couvercle perforé, dans laquelle les enfants pourront conserver des insectes.

■ Reed Plastic, une entreprise anglaise, commercialise des pots en plastique transparents destinés aux marchands de peinture. Ces récipients ont la forme d'un cube aux arêtes arrondies pour faciliter le stockage et dont les parois transparentes permettent de distinguer la couleur de la peinture à l'intérieur. On a aussi prévu un rebord pour essuyer les pinceaux, un bec-verseur et une anse excentrée.

L & F, ainsi que le confiseur Amurol, ont réussi à faire de leur conditionnement un accessoire utile à la vie quotidienne. Quant à Reed Plastic, il a rendu le stockage et l'utilisation plus aisés.

En faisant du conditionnement une arme redoutable, on cherchera, avant tout, à marquer sournoisement et à bon compte des points sur ses concurrents, car au moment de choisir, l'acheteur pense : « *Si je prends des couches L & F, ça me fera un joujou pour bébé; avec une autre marque, pas de cadeaux!* »

Ayant mis en relief les moindres avantages, il faudra ensuite braquer les projecteurs sur ce qui est important et annoncer la bonne nouvelle au monde entier, ce en quoi les experts en marketing de Regis-McKenna sont passés maîtres sous le nom de « positionnement offensif d'un produit de remplacement ».

Pour bien comprendre, on partira de deux modèles de positionnement traditionnels : 1) votre nouveau produit constitue une classe à part; 2) il se distingue de tous les autres dans sa catégorie.

Ainsi, la marque Sony a-t-elle créé avec son « walkman » la catégorie bien spécifique des appareils individuels. Positionnement à part aussi pour Polaroïd en 1945, la montre électronique Bulova (1960), ou le four à micro-ondes Raytheon (1947). A l'opposé, le véhicule utilitaire tout-terrain Jeep

Cherokee était loin d'être le premier de sa catégorie, mais il tranchait sur les autres grâce à l'incorporation d'un coussin anticollision et à l'installation d'un différentiel ordinaire.

Selon Glenn Helton, un des responsables de la firme McKenna, il existe une technique pour souligner ce qui est important : « *Le positionnement offensif d'un nouveau produit dans une catégorie donnée exige qu'on le compare à un produit connu dans une autre catégorie. Par ce moyen, le nouveau produit se trouve en position offensive face à un produit traditionnel de référence beaucoup plus sophistiqué.* »

L'introduction de la gamme Plexus par Toyota est un excellent exemple de positionnement offensif d'un produit de substitution. Ces nouvelles voitures venaient en concurrence directe de Mercedes et BMW. La proposition offensive de Toyota fut de prétendre que la marque, quoique dépourvue de références distinctives sur le marché des automobiles de luxe, valait bien les meilleures et à un prix inférieur!

Ce positionnement offensif de Plexus a-t-il nui aux ventes de Mercedes et de BMW? Sans doute pas au début, mais par cette tactique, Toyota a su faire exister une image caractéristique de son produit parmi les autres voitures de luxe et, surtout, atteindre toute une partie du public qui n'aurait jamais voulu ou pu s'offrir une Mercedes ou une BMW.

D'après Helton, il existe une condition sine qua non au positionnement offensif : « *Une certaine vraisemblance, non pour prouver les avantages d'un nouveau produit, mais plutôt pour engager le dialogue avec le consommateur, car ce qu'on doit d'abord attendre du marché n'est pas un engagement immédiat mais seulement l'envie d'en savoir davantage.* »

Après avoir créé un produit révolutionnaire, songez à son positionnement offensif et à en tirer le meilleur parti grâce à une comparaison avec des produits ou services déjà existants. Pour la banque que nous avons citée, l'innovation, c'est le service d'un coursier à un dollar la course qui évitera le déplacement. Grâce à son système de signaux sonores distinctifs, Ameritech rend inutile le filtrage des appels. Par une utilisation ingénieuse de cubes en plastique dans le conditionnement des couches pour bébé, L & F devient le généreux dispensateur de jouets Lego.

Exercice

Pour vous aider dans votre quête de détails à exploiter complètement, vous pouvez essayer de répondre aux questions suivantes :

■ **Qu'est-ce qui peut engager votre client à augmenter la consommation de votre produit ?**

■ **Quels seraient les autres usages éventuels de votre produit ?**

■ **Pour quelles raisons les réseaux de distribution commanderaient-ils de plus grandes quantités de votre produit ?**

■ **Qu'est-ce que vos clients ont trouvé de plus intéressant dans votre produit par rapport à celui de vos concurrents ?**

■ **Comment transformer cet intérêt en atout de poids ?**

Vous ne trouvez pas ? Je vous mettrai donc sur la voie en exposant mes préférences personnelles. Par exemple, j'aimerais bien trouver :

■ **un rasoir dont il n'y aurait pas besoin de changer la lame ;**

■ **une compagnie d'aviation qui offrirait à bord de ses appareils une prise de courant pour ordinateur personnel ;**

■ **un restaurant qui, par un système de signal à distance, m'avertirait que ma table est disponible, ce qui me permettrait de faire des courses en attendant.**

Exercice

Reliez le produit ou le service de la première colonne avec les éléments de la deuxième colonne.

Radio-taxi **Parc des Princes**

Club Méditerranée **Visite de courtoisie**

Fax **Voiture particulière**

Câble Eurosport **Marbella**

Interview : Jay Levinson

Rappelons-nous que la guérilla commerciale consiste à valoriser tout ce qui est possible et que Jay Levinson est passé maître dans cette méthode. Il en est même le spécialiste reconnu, le parangon incontesté. Il en a fait une forme d'art dans ses livres qui sont autant d'ouvrages de référence, entre autres, *La Guérilla commerciale*, *La Guérilla commerciale offensive*, *La Guérilla commerciale perfectionnée*, *Le Financement de la guérilla commerciale*, *La Publicité dans la guérilla commerciale*. Il est, en outre, le co-auteur du *Manuel de guérilla commerciale* et *Méthodes de vente dans la guérilla commerciale*.

Q : Naît-on guerillero commercial ou le devient-on ?

On le devient. La vision globale indispensable dans ce genre de combat n'est pas un don inné et on ne trouve jamais toutes les qualités requises réunies chez une seule personne. Tout le monde a le droit de s'engager dans la guérilla commerciale, mais nul ne saurait y tenir tous les emplois. L'essentiel, c'est de bien envisager son objectif et de s'y tenir, quoi qu'il arrive.

Q : Quels sont les principaux traits d'un guerillero commercial ?

La qualité primordiale est la patience. On ne recherchera pas des résultats trop rapides. On ne compte plus les belles opérations de marketing abandonnées en cours de route. La deuxième qualité est l'imagination dans le choix des méthodes. Je ne parle pas ici de la vieille distinction entre la forme et le fond, mais de l'angle d'attaque, des armes à adopter, et à quel moment. La troisième qualité est l'ouverture à tout, au marché, à la concurrence, à la clientèle, au personnel, ainsi qu'au « bon moment » et à l'état général de l'économie. Impossible de s'en tenir aux idées préconçues, aux positions immuables, et de méconnaître les circonstances présentes. La quatrième qualité réside dans une soif inextinguible de connaissance, car il faut rester à l'écoute d'un monde en perpétuelle métamorphose et ne pas prendre de retard. Les leçons du passé ne suffisent plus pour préparer l'avenir et même, dans la plupart des cas, on doit plier sa stratégie aux aléas du moment. La cinquième qualité est la totale confiance en soi. Quoi que vous fassiez, votre entourage, vos associés, conjoint, amis et connaissances, seront les premiers à se lasser. En revanche, ceux que vous aurez pris pour cibles ne se lasseront jamais, pas plus que vos clients, toujours prêts à écouter des arguments propres à justifier leurs choix ou leurs engagements. L'ultime qualité enfin est l'agressivité et cela dans deux domaines : tout d'abord, le montant des investissements nécessaires. Savez-vous quelle est la part du marketing dans les investissements des sociétés américaines ? 4 % ! La réaction d'un authentique guerillero sera de dire : « *Eh bien, moi, j'y mettrai le double !* » L'autre champ où s'exercera le dynamisme de l'entrepreneur concernera l'arsenal des moyens à mettre en œuvre, des artifices aussi efficaces que peu coûteux.

Q : Quelles sont les missions essentielles d'un guerillero?

La première, et de loin, est la persévérance dans le maintien des contacts à la suite de chaque opération commerciale, à commencer par une lettre de remerciements dans les quarante-huit heures, ce qui est à la portée de tous. Un mois plus tard, adressez un nouveau courrier pour vous assurer que l'acquéreur ne regrette pas son choix et qu'il n'a pas de questions à vous poser. Ensuite, après trois mois, le moment est venu de lui faire connaître les produits qu'il pourrait vouloir se procurer chez vous, en rapport avec son achat initial. Neuf ou dix mois plus tard, envoyez un questionnaire, accompagné de remerciements pour l'effort demandé, et invoquez la nécessité de rester à l'écoute de votre clientèle pour mieux la servir.

Ce ne sera pas votre dernier mot : sollicitez par exemple trois noms de personnes à parrainer. N'hésitez pas non plus à expédier une carte de vœux à l'occasion de l'anniversaire de l'achat, excellente façon de renouveler le contact.

Une pareille rigueur ne pourra qu'affoler vos concurrents, plus nombreux que vous ne pensez, qui n'en font pas preuve. 68 % de parts du marché américain sont perdues, faute de l'assiduité indispensable. L'apathie, le laisser-aller sont les causes de plus d'échecs que la médiocrité intrinsèque d'un article ou d'un produit. Cela donne une excellente vision du terrain des manœuvres commerciales possibles.

Le deuxième ordre des priorités concerne le marketing en partenariat, à savoir l'association avec d'autres entreprises ou groupements stratégiques en vue d'opérations concertées. On dira : « *J'inclurai ton prospectus dans mon prochain mailing si tu me rends la pareille.* » Ou bien : « *Faisons une campagne commune dans tel grand quotidien régional et partageons les frais.* »

Le marketing en partenariat vous permettra de vous faire plus largement connaître tout en réduisant les coûts publicitaires. C'est aussi un moyen de se ménager des alliés éventuels, et surtout, vos adversaires retrouveront votre nom à un endroit inattendu. Pour une somme relativement modique, vous les forcerez à ruminer : « *Pourquoi n'y avais-je pas pensé?* »

Enfin, il ne faut pas craindre de se transformer en espion de soi-même et des autres. Etudiez leur production, comparez-la à la vôtre. Les différences vous sauteront aux yeux et vous aurez à cœur de faire mieux que vos rivaux... S'ils s'y employaient de leur côté, vous le sauriez tout de suite, grâce à la surveillance permanente que vous exercerez sur le marché, et vous pourriez anticiper.

Q : D'autres techniques de guérilla commerciale existent-elles de nature à rendre la vie impossible à vos concurrents?

Oui, par exemple, en se procurant les noms et adresses des habitués de vos concurrents et en les prenant pour cible lors de vos campagnes promotionnelles. C'est ainsi que peu à peu, grâce à un effort soutenu de dialogue, on s'introduit dans l'existence de la clientèle des autres. Elle viendra à vous parce que vous lui semblerez plus actif que ses anciens fournisseurs, c'est-à-dire vos rivaux.

Q : Quelle a été, selon vous, la plus brillante idée de guérilla commerciale?

Celle d'utiliser, sur les enveloppes d'un mailing, plusieurs timbres au lieu d'un seul, pour le même prix. Plusieurs timbres ne coûtent pas plus cher qu'un seul pour un affranchissement égal, mais vous pouvez être sûr que les destinataires ouvriront l'enveloppe, car on reçoit très rarement des enveloppes couvertes de timbres!

La guérilla commerciale exige beaucoup de temps, d'énergie et d'imagination, sans que l'argent en soit pour autant le facteur déterminant. Je trouve l'histoire de l'enveloppe couverte de timbres édifiante, parce qu'elle enseigne qu'il faut, à tout moment, faire preuve d'imagination et de dynamisme.

Chapitre 11

Faites-vous des amis de vos concurrents

La guerre de Sécession venait à peine de s'achever que le Président Lincoln recevait plusieurs chefs sudistes, venus pour le critiquer mais qui repartirent charmés des bons procédés de leur vainqueur. Un député nordiste lui en fit la remarque, et Lincoln s'exclama : « *Je les étoufferai de mon amitié !* »

Pratique de la coconcurrence

J e vais citer un exemple qui se déroule dans le monde des affaires : en 1989, la compagnie de chemin de fer de Santa Fe a bouleversé le monde des transports, en concluant une alliance avec le camionneur J.B. Hunt.

Voici de quelle manière fonctionne la coconcurrence entre les deux anciens adversaires : Hunt envoie un camion chez un expéditeur donné, effectue le chargement, puis embarque la remorque sur un train de la Santa Fe qui la conduira jusqu'à la gare de triage la plus proche du lieu de destination. Un autre camion Hunt veillera à la livraison définitive. Toute cette opération ne nécessitera qu'une seule facture.

Le consommateur s'y retrouve : livraison de porte à porte rapide au meilleur prix, ce qu'aucune compagnie de chemin de fer n'a jamais pu offrir. Hunt, quant à lui, économise sur le carburant, sur la main-d'œuvre et sur l'utilisation des véhicules. La compagnie de chemin de fer recueille la pratique d'un ancien concurrent. De surcroît, cette alliance permet de réduire la circulation routière, l'usure des routes et la pollution de l'air.

Ce nouveau partenariat est la preuve d'une modification de taille dans la rivalité traditionnelle entre le rail et la route, lesquels s'arrachaient naguère la clientèle. A présent, ils concluent des alliances. Les historiens Will et Ariel Durant ont déclaré dans leur livre *Les Leçons de l'histoire* : « *La coopération est une réalité grandissant avec le développement social. C'est un outil et une autre façon d'aborder la concurrence. On coopère à l'intérieur de son groupe – famille, communauté, association, église, parti politique ou nation – pour le rendre plus fort dans sa rivalité avec les autres groupes.* »

Soyez vos propres concurrents

L e plus sûr moyen de s'entendre avec la concurrence est de la créer soi-même. Les firmes les plus astucieuses y parviennent en inventant de nouvelles marques qui paraissent leur faire concurrence. C'est ce qu'a réussi Black & Decker en constituant la gamme d'instruments électriques DeWalt, comme le raconte Suzanne Oliver dans le magazine *Forbes*.

Selon elle, un visiteur à l'Exposition nationale des constructeurs de 1992 déclare à Nolan Archibald, président de Black & Decker : « *Ces gars-là, ils ne vont pas tarder à vous avaler!* », après avoir admiré la gamme d'instruments électriques DeWalt; la seule réponse de Nolan Archibald fut un léger sourire, puisque DeWalt était une production Black & Decker. L'objectif de la gamme DeWalt est d'attirer les acheteurs du milieu professionnel et industriel qui rejettent Black & Decker parce que la marque a la réputation de ne concerner que les bricoleurs.

Le collaborateur de Black & Decker, qui eut cette idée, se contenta de perfectionner certains instruments de la chaîne Black & Decker et de les caractériser par une couleur jaune vif semblable à celle des casques de protection des chantiers. Dans le même esprit, il recruta une équipe de vendeurs qui firent le tour des chantiers et des quincailleries en gros à bord de camionnettes peintes de la même couleur. En dernier lieu, il fixa le prix des produits DeWalt au-dessus de ceux pratiqués par Makita, le numéro un de la branche, de manière à se situer à un niveau plus élevé, et il surveilla la distribution pour éviter que la marque DeWalt ne figure pas dans les grandes surfaces. Au bout de deux ans de présence sur le marché, elle devrait atteindre 300 millions de dollars de ventes.

Ce procédé, qu'on pourrait qualifier d'autocannibalisme, doit figurer dans l'arsenal de quiconque entend rendre fous ses concurrents. Cela ne marche pas toujours, parce que les employés ont du mal à se faire à une méthode et à des prix différents, mais le moment venu, on est assuré de torpiller l'adversaire.

L'autocannibalisme est un moyen qui s'adresse aux privilégiés, car il implique la supériorité du capital, de la production et du personnel pour pouvoir augmenter les débouchés. Il faut donc acquérir un tel privilège en commençant par séduire les consommateurs, mais c'est un privilège à ne pas gaspiller – en l'occurrence, en permettant à vos concurrents de vous cannibaliser avant que vous ne le fassiez vous-même.

Exercice

Rédigez en une page un programme des moyens à mettre en œuvre pour vous cannibaliser. Pourquoi ne pas mettre ce programme à exécution contre vous-même?

Quelques conseils utiles

Maintenant, n'allez pas vous précipiter pour conclure des alliances ou trouver des partenaires dans la coconcurrence : ce serait faux de penser que c'est une panacée. Si vous vous y prenez mal, le concubinage avec un autre groupe peut se terminer en cauchemar. Ci-dessous quelques conseils élémentaires pour changer vos rivaux en partenaires :

- Gardez votre clientèle présente à l'esprit : une association qui ne satisferait que les nouveaux partenaires et pas le consommateur ferait vite long feu. En d'autres termes, il vaut mieux que le barbecue « Le Dragon et le Chevalier » serve de savoureuses grillades.

- Il est nécessaire que chacun des nouveaux partenaires y trouve son compte : une association mal équilibrée ne saurait durer et cède sur un déséquilibre infime.

- Vivez ces relations comme une relation de gens qui « sortent ensemble », et non comme un ménage légitime*. L'expression « alliance à long terme » a quelque chose de paradoxal : dès que les avantages réciproques s'évanouissent, l'alliance est en péril. Veillez donc à ne pas mettre tous vos œufs dans le même panier. Que vous envisagiez la coconcurrence comme une sorte de concubinage ou comme des noces légitimes, n'omettez pas de prévoir dans le contrat une clause de rupture éventuelle.

- L'existence d'un ennemi commun ne suffit pas à déterminer une alliance. Ainsi, l'accord entre Apple et IBM repose bien plus sur la crainte mutuelle de Microsoft que sur le souci du public. Convoleriez-

---

* Il est vrai que 50 % des mariages se terminant par un divorce, on peut comparer la coconcurrence à un mariage moderne.

vous avec quelqu'un sur le seul motif que vous détestez la même personne?

■ Pensez à votre personnel au moment de réaliser un rapprochement et informez-le. Les fourmis ouvrières découvrent hélas souvent l'existence d'un accord dans les gazettes à l'issue d'une conférence de presse solennelle des deux présidents. Et pourtant, ce sont ces mêmes fourmis qui feront fonctionner l'ensemble.

■ Rappelez-vous le cheval de Troie. Tel partenaire éventuel ne pense en vérité qu'à certains renseignements confidentiels auxquels il espère accéder : c'est une forme d'espionnage industriel, fort éloignée d'une association bénéfique à toutes les parties. Alors, on ne saurait trop recommander une grande prudence et des conventions à toute épreuve.

Avec ces conseils à l'esprit, vous éliminerez vos concurrents en les métamorphosant en alliés. Si un dragon et un chevalier y sont arrivés, pourquoi pas vous?

Chapitre 12

Empruntez sa fronde à David

« Mon centre recule, ma droite est enfoncée, la situation est excellente : j'attaque ».

Le maréchal Foch à la deuxième bataille de la Marne.

Une mentalité à acquérir

Un commerçant en électroménager a eu la bonne idée de distribuer des cornets de glace aux gens de passage pour les empêcher d'aller chez ses concurrents en sortant de son magasin. Les chalands savaient bien que leur glace risquait de fondre pendant le trajet et préféraient ainsi rester sur place.

Une chaîne de pizzerias qui désirait se placer au plus tôt sur le marché du Colorado et capter la clientèle des marchands de pizzas en place, imagina une campagne promotionnelle offrant deux pizzas pour le prix d'une si l'acheteur apportait la page jaune de l'annuaire indiquant le numéro de téléphone de ses concurrents : par ce procédé, ceux-ci étaient éliminés de l'annuaire!

Ces deux exemples ont une chose en commun, c'est l'utilisation d'une arme apparemment simple, efficace et peu coûteuse : le lance-pierres pour frapper l'adversaire en position de force. Le cas le plus marquant a été celui de Bob Curry.

En 1992, le quincailler Curry de Quincy (Massachussetts) apprit que la firme Home Depot, le Goliath de cette histoire, allait ouvrir une grande surface à moins de 400 mètres de son établissement. Home Depot était la référence absolue dans sa catégorie. Or, jusqu'à l'irruption du géant, le magasin de Curry représentait le type même de la grande quincaillerie d'une paisible petite ville de province...

Interview : Bob Curry

Sur le bureau de Bob Curry, on trouve la formule suivante : « Des clients satisfaits ne nous suffisent pas : nous voulons des fervents ». Sur les tee-shirts vendus dans le magasin, cette inscription : « Quincaillerie Curry : un magasin qu'on n'oublie pas ! » Ces deux slogans symbolisent à merveille la méthode Curry : des fervents qui n'oublient pas Curry.

L'une des raisons pour lesquelles ses clients ne peuvent l'oublier, c'est qu'il ne le leur permet pas. A l'issue de notre interview, il tint à me faire visiter le magasin Home Depot et il y remarqua l'un de ses habitués qui en sortait. Il lui dit alors, sur un ton mi-figue, mi-raisin : « *Qu'est-ce que vous fichez ici?* »

Vous ne possédez peut-être pas une quincaillerie, mais les règles sont les mêmes : la méthode Curry peut servir de leçon à quiconque ambitionne de rendre fous ses concurrents. D'ailleurs, laissons-lui la parole.

Leçon n° 1 : on ne s'affole pas !

Nous avons tout d'abord été horrifiés parce que nous avions lu les publications professionnelles et avions été avertis par des confrères de Long Island, d'Atlanta et de Floride; leurs ventes avaient diminué de 20 à 25 % dès la première année!

Nous ne baissâmes pas les bras pour autant; il suffisait de découvrir un moyen de battre Home Depot et, avant tout, de ne pas se laisser impressionner. Il fallait passer à l'offensive. Le meilleur moyen était d'utiliser notre savoir-faire et de garder confiance. Il ne fallait surtout pas inquiéter notre équipe en perdant notre sang-froid : partout où nous allions, on s'interrogeait sur notre avenir et nous n'entendions que cela à tout moment et en tout lieu, pendant l'année qui précéda l'ouverture de Home Depot. On nous suggéra même de transformer notre magasin en fast-food. Les autres quincailliers, vingt kilomètres à la ronde, nous demandaient ce que nous comptions faire après notre départ.

Leçon n° 2 : la concurrence a du bon

Nous étions acculés, il ne restait plus qu'à se reprendre en main et galvaniser les vieux réflexes d'entreprise. L'heure était venue d'échafauder des plans de contre-attaque sur les prix, la publicité et le service après-vente.

Il était indispensable de garder notre équipe intacte et de trouver le créneau adéquat, toutes choses que nous avions négligées au cours des années quatre-vingts qui avaient été très prospères; les circonstances exigeaient des mesures concrètes. Tout le monde a besoin d'un « coup de pied aux fesses » de temps à autre et l'irruption de Home Depot en fut un, vous pouvez me croire!

Comment cela se passa-t-il? On nous avait prédit une perte de 25 % la première année; les premiers mois, les ventes stagnèrent, puis remontèrent de 4 à 5 %. Au printemps suivant, six mois après l'installation de notre magasin rival, nous grimpions à 12, 13 ou 14 %. En fin de compte, les premiers six mois de cette année fiscale, nos ventes augmentèrent de plus de 35 %!

Leçon n° 3 : gardez le moral

A dire vrai, nous avons une bonne réputation. Nous offrons des rétributions confortables, un généreux système de retraites et de participation aux bénéfices, dans le but de démontrer à nos collaborateurs qu'ils ont intérêt à travailler pour nous.

Reconnaissons d'ailleurs que nous formons une équipe dynamique, quel que soit le niveau de formation des éléments qui la composent : nous voulons des employés bien dans leur peau et compétents. Il existe au sous-sol une salle d'actualisation où nous projetons des vidéos de formation. Bref, rendons-leur l'hommage qu'ils méritent et ce n'est pas seulement une affaire d'argent : jamais je ne leur remets de chèque sans les complimenter sur leur diligence.

Leçon n° 4 : soyez réaliste

A chaque séminaire professionnel, j'entends mes confrères dire qu'ils ont une clientèle à toute épreuve. Mais je pense que c'est du « baratin »! Les clients ne sont fidèles qu'à une seule chose : leur portefeuille! Quand on a trimé soixante heures par semaine, on ne tient pas à jeter son argent par la fenêtre, c'est moi qui vous le dis.

Les clients ne restent jamais longtemps fidèles; ils sont comme tout le monde, dès qu'il s'agit d'argent, ils ont horreur de le gaspiller. Il faut donc les convaincre, leur montrer où se trouve leur intérêt et jouer franc-jeu.

Leçon n° 5 : adaptez-vous à la clientèle

Nous nous efforçons de connaître personnellement le plus de clients possible, ce qu'une grande surface ne pourra jamais faire. Comment connaître sa clientèle quand on a 150 vendeurs sur 30 000 mètres carrés?

Voici un bon exemple de cette attention que l'on porte aux clients. Naguère, il nous était interdit d'ouvrir le dimanche; puis, on abrogea le règlement, les petits détaillants n'en profitèrent pas, à la différence, bien sûr, des grandes surfaces. L'arrivée de Home Depot sur le marché changea tout cela, ce qui ne fut pas facile, parce que nous aimions profiter de notre dimanche et qu'il fallait changer nos habitudes. La plupart d'entre nous s'y firent, mais j'avoue pour ma part que j'ai eu du mal, même si j'ai parfaitement conscience que les heures d'ouverture sont d'une importance capitale vis-à-vis des consommateurs.

Les premiers temps, nous n'avions prévu que sept personnes de permanence, ne sachant pas à quoi nous attendre. Or, les dix premiers dimanches d'ouverture, nos résultats furent le double de n'importe quel samedi. Au cours de l'été qui suivit, les choses se calmèrent. En tout cas, à présent, même en juillet-août, nous réalisons de très beaux chiffres d'affaires le dimanche, preuve incontestable de la nécessité de l'opération.

Mettez-vous bien dans l'esprit que le service clientèle est essentiel : il en faut toujours et toujours plus! Un jour, un monsieur était venu au magasin avec un vieux modèle de lampadaire sur un socle en bois, sur lequel il voulait poser une prise et brancher un fil électrique. L'inconvénient était que le socle tombait en morceaux. Nous demandâmes donc au client s'il souhaitait que nous fassions le petit travail, et il répondit : « *Bien sûr, si vous savez* ». Et comment!

Leçon n° 6 : de la souplesse en tout!

La détermination du prix de vente est un art : notre ambition était d'être compétitif aux yeux du public, sans espérer faire mieux que Home Depot, qui réalise quelque 10 milliards de dollars de chiffre d'affaires par an. Il faut que la clientèle s'y retrouve et nous avons commencé par distribuer au plus bas prix quatre ou cinq cents articles que nous avions judicieusement choisis, du revêtement de sol, de la peinture en pulvérisateur et aussi des produits divers comme du fluidifiant en pot ou des ampoules électriques. Cette campagne nous coûta une bonne année d'efforts, mais j'aurais souhaité qu'elle dure plus longtemps. Nous avons publié chaque jour la liste des promotions que nous pouvions modifier à toute occasion, si bien que lors de l'ouverture de Home Depot, nous avons constaté que nous étions meilleur marché sur certains produits et nous fûmes donc en mesure de hisser nos prix au niveau de ceux de Home Depot.

Néanmoins, nous n'avons pas cherché à brader et même nous avons caché délibérément que nos coûts étaient souvent inférieurs à ce qu'estimaient les gens. Nous nous sommes adaptés sans cesse pour nous tenir au même niveau que nos grands adversaires.

L'un des moyens les plus efficaces d'attirer les acheteurs est de jouer avec les sous-marques. Ainsi, nous avons déterminé d'abord le prix des ampoules de la General Electric au même niveau que Home Depot, ce qui nous laissait une marge infime. Toutefois, les ampoules de marque Ace étant fabriquées par la même General Electric, nous l'avons alors fait apparaître sur les étiquettes et nous avons mis en avant les produits Ace. Nous avons obtenu de 25 à 30 % de bénéfices tout en restant en-dessous des prix de la concurrence.

Leçon n° 7 : recherchez des créneaux

Des créneaux, nous en trouvâmes, en consultant à chaque instant tous les catalogues que nous pûmes nous procurer, de façon à connaître les créneaux occupés par les autres, leurs bons comme leurs mauvais côtés. Il s'agissait d'offrir tel article en anticipant la demande du consommateur.

Un exemple : jamais nous n'avions vendu de Propane, faute de licence. Nous nous sommes évertués à en obtenir une, non sans peine. Aujourd'hui, nos ventes atteignent près de 100 000 $, bien que nous ne soyons présents sur le marché que depuis à peine un an et demi.

Nous avons monté de toutes pièces un seul rayon de peinture, parce que même si nous vendions beaucoup de produits de ce type, plusieurs rayons se trouvaient à différents niveaux, au sous-sol, au rez-de-chaussée et dans les réserves, en haut du magasin. Cela nous a permis de ressembler à un véritable magasin de peinture !

Nous assurons l'important service après-vente des engins du groupe Black & Decker et nous sommes même autorisés à effectuer les travaux sous garantie. Du reste, nous avons même dû nous adresser à des sous-traitants, pour nous aider dans cette mission.

De même, nous avons sans doute triplé nos stocks dans le secteur des agrafeuses, sans pour autant égaler Home Depot qui, en revanche, n'est pas en mesure d'y affecter le personnel indispensable : en effet, c'est un domaine qui exige de la compétence, même chez les démarcheurs.

D'un autre côté, nous ne possédons pas tous les articles que l'on peut trouver chez Home Depot : ainsi, nous n'offrons pas un rayon de 200 robinets et ne le ferons jamais, il faut s'y résigner, et notre rayon éclairage n'est pas très grand, ce qui nous fait hélas perdre une part de marché.

Leçon n° 8 : étudiez vos adversaires

Après l'ouverture de Home Depot, nous nous y rendions au moins trois fois par semaine : les concurrents n'appréciant guère que l'on examine leurs prix, nous utilisions des magnétophones à commande vocale et nous emportions tous les prospectus accessibles au public, ce qui amusait énormément les chefs de rayon, mais n'aurait guère plu aux dirigeants dans les plus hautes sphères.

Leçon n° 9 : l'importance de la convivialité

Cela fait longtemps que j'appartiens au Rotary de Quincy, ainsi qu'à un club moins connu, appelé la Guilde de Quincy qui ne compte pas plus de quinze membres et qui a pour objectif statutaire d'améliorer l'environnement de la localité. Nous avons collecté des dons à hauteur de cent mille dollars en deux ans, afin de disposer d'une signalisation élégante et commode pour nos visiteurs.

Tout cela m'a valu de multiples relations et avec des gens provenant d'un tout autre milieu que le mien, comme le directeur général de notre banque. Il existe une petite publication dénommée *La Gazette commerciale de Quincy*, sans conteste le périodique le plus lu de notre ville. Le fait que le directeur soit l'un de nos clients fidèles nous vaut des articles promotionnels. En effet, il s'était aperçu que nous mettions en œuvre le même genre de procédé que lui dans sa propre entreprise et cela lui avait plu. Quand Home Depot ouvrit ses portes, un reportage nous fut consacré. On peut dire que chaque numéro contient quelque chose sur nous.

Leçon n° 10 : apprivoisez la concurrence

Voilà environ huit jours, le nouveau chef du service des appareils électriques de bricolage de Home Depot nous rendit visite et examina nos prix. Il nous félicita. Néanmoins, la vraie raison de sa venue était qu'il souhaitait étudier nos techniques de service après-vente. Il finit par avouer qu'il nous enverrait désormais ses clients qui auraient des difficultés particulières.

Une personne qui achète un gril à gaz chez Home Depot se voit conseiller de se procurer le propane nécessaire dans notre magasin. A nous d'en faire un client régulier : nous l'invitons à régler son achat à l'autre bout du magasin, ce qui l'oblige à parcourir nos rayons et à éventuellement s'y attarder.

C'est par des moyens de cette sorte que nous avons créé des liens avec Home Depot, au lieu de nous entretuer. La plupart de nos semblables dans d'autres régions du pays ne voulaient rien avoir à faire avec Home Depot, alors qu'il valait infiniment mieux trouver un modus vivendi. Nous savions que ce géant n'aurait fait qu'une bouchée de nous s'il l'avait désiré et nous préférions demeurer à la place qui est la nôtre.

Rappelez-vous Roger Bannister !

L e cas de Curry est exemplaire : un commerçant avec un magasin de 1 500 mètres carrés, situé à 500 mètres d'une grande surface de 40 000 mètres carrés. Que faire? A-t-il couru se réfugier ailleurs? S'est-il répandu en lamentations? Pas le moins du monde : il a conçu des moyens de faire face au géant en le circonvenant de toutes les façons et en l'apprivoisant.

Quand vous vous trouvez dans des circonstances semblables, avec une espèce de Goliath se dressant devant vous, pensez également à ceci : des années durant, on pensait qu'il était impossible de courir le mile en moins de 4 minutes; puis, Roger Bannister y parvint en 3 minutes

59 secondes. Peu après, plusieurs athlètes battirent à leur tour le record en moins de 4 minutes.

A peine quelqu'un réussit-il à accomplir quelque chose de soi-disant impossible que d'autres y parviennent à leur tour. Des gens comme Curry sont les Bannister du commerce. A votre tour de les imiter.

Poussez

votre avantage

Désormais, la seule vue de votre logo fait tomber vos rivaux en pâmoison : vous êtes donc prêt pour la cour des grands. Notre quatrième partie va vous apprendre à exploiter à fond vos avantages.

- Ne ratez pas une occasion de harceler vos concurrents (chapitre 13, *Carpe Diem*).

- Ignorez superbement les prétendues « règles du jeu », terme antinomique s'il en est (chapitre 14, Sortez des sentiers battus).

- Soyez sans pitié pour votre propre patron (chapitre 15, Comment affoler votre patron).

- Défendez bec et ongles des avantages bien chèrement acquis (chapitre 15, Préservez et protégez).

Chapitre 13

Carpe diem

« Ce n'est jamais à l'étiquette qu'on reconnaît sa chance. »

John Shedd.

Le biscuitier et les hippies

E n 1984, peu après l'introduction du Macintosh et de l'affrontement entre Apple et IBM, on assista à un nouveau duel David contre Goliath, cette fois dans une petite ville du Vermont. Là encore, deux anciens hippies s'opposaient effrontément à l'une des 500 premières entreprises des Etats-Unis, selon le tableau d'honneur de *Fortune*.

Dans son livre *La Vérité sur la guerre des glaces*, Fred Lager raconte que le conflit commença en mars 1984, lorsque Ben Cohen, cofondateur d'une société de glaces, apprit que Häagen-Dazs menaçait son distributeur à Boston de ne plus lui livrer ses produits s'il s'obstinait à vendre les glaces Ben & Jerry.

La première réaction de Ben fut de rire d'un pareil ultimatum : tout d'abord, cette menace était une violation flagrante des lois antitrust; ensuite, il n'arrivait pas à croire qu'une marque aussi importante que Häagen-Dazs puisse s'estimer menacée par Ben-&-Jerry avec des ventes ne dépassant pas 4 millions de dollars par an. Häagen-Dazs, société du groupe Pilsbury, avec des ventes estimées à 4 milliards de dollars, s'attribuait 70 % du marché.

Ben-&-Jerry présentèrent immédiatement l'affaire comme un combat inégal entre une multinationale et deux anciens hippies, et non pas comme l'opposition entre deux fabricants de glaces. Ainsi Häagen-Dazs avait sottement offert à Ben-&-Jerry un argument publicitaire en or, à savoir que ses produits étaient confectionnés à l'ancienne dans le Vermont, alors que ceux de Häagen-Dazs étaient débités massivement par une énorme entreprise industrielle.

Ensuite, Ben-&-Jerry firent paraître des communiqués annonçant leur intention de porter l'affaire devant les tribunaux et ils donnèrent deux conférences de presse. Tandis que Ben était reçu par la Commission fédérale du commerce, Jerry manifesta seul devant le siège de Pilsbury en brandissant une pancarte où l'on pouvait lire : « *De quoi le biscuitier a-t-il donc peur?* » et en distribuant des tracts contenant le texte suivant : « *Comment croire que « le biscuitier » a peur de deux types qui travaillent avec vingt-quatre personnes sur un espace de 1 300 mètres carrés? Comment croire que « le biscuitier » a peur de ne réaliser que 185 300 000 $ de bénéfices cette année au lieu de 185 400 000 $? Comment croire que « le biscuitier » a peur de nos petits sorbets? Nous n'avons qu'une ambition, c'est de confectionner nos glaces dans le Vermont et de laisser les gens de Nouvelle-Angleterre choisir par eux-mêmes ce qui leur convient dans leur supermarché, le seul endroit où nous pouvons entrer en compétition avec des géants comme « le biscuitier ». Ainsi donc, la prochaine fois que vous ferez vos courses, prenez un pot de glace Ben-&-Jerry et goûtez-y! C'est en réalité de cela que « le biscuitier » a tellement peur.* »

Il y avait aussi au dos du tract un « bon de protestation à envoyer à Pilsbury ». Ce dossier contenait des lettres de protestations auprès de la Commission fédérale et du président de Pilsbury avec enveloppes affranchies et un autocollant où était écrit : « *De quoi le biscuitier a-t-il donc si peur?* » Les journaux du Minnesota rapportèrent la manifestation solitaire de Jerry, puis ce fut le tour de l'agence Associated Press qui diffusa toute l'histoire à travers les Etats-Unis.

Ben-&-Jerry n'en restèrent pas là : ils achetèrent une annonce à

250 dollars dans le magazine *Rolling Stone*, louèrent un panneau publicitaire sur l'autoroute 128, le principal accès à la zone urbaine de Boston, firent coller des affichettes de protestations dans les autobus et un petit avion déploya leur message dans le ciel au-dessus du grand stade universitaire de Boston, pendant un match de football. En outre, ils firent figurer sur les pots de glace un numéro gratuit où l'on pouvait téléphoner pour se faire envoyer le dossier de protestations.

E x e r c i c e

Pourquoi, à votre avis, Häagen-Dazs n'a-t-il pas accepté un arrangement à l'amiable plutôt que de se lancer dans toute cette mauvaise publicité?

a. **Par naïveté**

b. **Par bêtise**

c. **Par orgueil**

d. **Faute d'un bon conseil juridique**

e. **Les dirigeants de Häagen-Dazs adoraient les poursuites judiciaires**

Ne perdez jamais de vue la réalité

Le conflit Ben-&-Jerry / Häagen-Dazs illustre à merveille le propos de ce chapitre : vos chances peuvent se trouver à l'endroit le plus insolite et vous devez les saisir sur-le-champ. Ben-&-Jerry métamorphosèrent un éventuel affrontement judiciaire qui aurait bien pu les anéantir en un prodigieux coup publicitaire dont on se souviendra.

Plus de quinze mille « dossiers de protestations » furent ainsi expédiés, des articles parurent dans le *New York Times*, le *Wall Street Journal*, le *Boston Globe* et le *San Francisco Chronicle*. Dès 1987, les hostilités cessèrent et Häagen-Dazs dut s'engager à ne plus intervenir dans le réseau de distribution de Ben-&-Jerry.

En fait, le plus beau résultat de cette affaire ne fut pas la victoire judiciaire d'un petit industriel, mais son énorme retentissement médiatique, car des foules de gens qui n'auraient jamais entendu parler de Ben-&-Jerry en vinrent à s'interroger sur les causes de l'agressivité du groupe envers son modeste concurrent.

Les manœuvres de Häagen-Dazs ne heurtaient pas seulement les principes de loyauté commerciale ou les lois du marché, elles mettaient également en cause la liberté d'entreprise, les principes les plus sacrés de la famille, au fond l'essence même de la société, ce qui plaçait Ben-&-Jerry sur un piédestal inexpugnable. Les deux anciens hippies le perçurent sans délai et leur premier geste fut d'en tirer avantage ; une menace mortelle devenait un atout qu'ils jouèrent avec maestria. Dont acte.

De la perspicacité

L'attitude meurtrière d'un aussi puissant ennemi offrit à Ben-&-Jerry une occasion rêvée d'accéder à une vaste clientèle. Encore fallait-il deviner que Pilsbury, en voulant prouver sa perspicacité, compromettrait son image de pourvoyeur d'excellents produits frais et sains en s'en prenant à deux modestes jeunes gens. On sait que le public américain a toujours eu un faible pour les Petits Poucets combatifs, dans la tradition des pionniers, et ne saurait admettre une telle arrogance de la part d'un trust. C'est en quoi l'exemple de Ben-&-Jerry nous apprend qu'il faut bien repérer les atouts d'une situation donnée.

Mettez-vous au service des clients de vos concurrents

L'erreur de Häagen-Dazs servit à point nommé les intérêts de Ben-&-Jerry.

A peine votre rival s'embourbe-t-il, montre des signes de faiblesse et met les pouces qu'il faut se demander de quelle manière on peut rendre service à ses clients.

Examinons le cas de Kiwi International, la compagnie d'aviation mentionnée plus haut, dont tous les employés sont des vendeurs en puissance : quelle ne fut pas sa joie d'apprendre, à l'automne 1993, que le personnel d'American Airlines se mettait en grève, l'occasion rêvée de jouer les sauveteurs !

Le directeur des ventes de Kiwi passa à l'offensive et expédia un fax à plus de quinze cents agences de voyages à New York, en Floride et à Porto Rico, annonçant ses disponibilités pour les destinations affectées par la grève.

Le vice-président en charge des ventes et du marketing de Kiwi raconte :

« Il fallait tirer parti de la situation et inciter les gens à choisir Kiwi. Outre la campagne par fax, Kiwi plaça des pancartes à ses guichets avec les mots suivants :

« Bienvenue aux passagers d'American Airlines ». En effet, les voyageurs se disputaient les places et les agences ne parvenaient pas à joindre American par suite de l'encombrement des lignes. La mission des agences de voyages étant de caser leurs clients, nous nous sommes rués dans la brèche et leur avons ouvert nos portes. »

De la même manière, la banque Interstate de Californie mit à profit les changements inévitables par suite de la fusion de la banque Security Pacific avec la Bank of America. Peu après l'accord, la Bank of America commença naturellement à fermer plusieurs agences de la Security Pacific. Interstate s'empressa, entre autres actions, d'envoyer des guichets mobiles devant les succursales de la Security Pacific promises à la fermeture et conseilla aux « malheureux » clients livrés à eux-mêmes de transférer leurs comptes à Interstate, en les appâtant avec la gratuité du traitement des chèques pendant un an et autres avantages promotionnels.

> ## Exercice
>
> **Supposez qu'à l'issue de la grève, American Airlines ait envoyé une télécopie aux diverses agences de voyages disant à peu près ceci : « *Nous tenons à exprimer notre gratitude à Kiwi Airlines qui s'est mise au service de notre clientèle pendant toute la durée de la grève. Mais maintenant, c'est le retour à la normale et nous vous offrons les horaires les plus variés pour le plus grand nombre de destinations avec les correspondances les plus commodes* », quel aurait été l'impact à long terme sur la politique de Kiwi?**

Cette campagne de marketing inopinée débuta le jour même où la fusion fut annoncée. En conséquence de quoi, Interstate décrocha près d'un milliard de dollars de nouveaux dépôts. « *Quelle superbe occasion pour nous, du fait du grand nombre d'agences destinées à la fermeture* », nous dit le premier vice-président et directeur des ventes d'Interstate.

Cultivez les affinités inattendues

Un autre moyen de faire preuve de flair, c'est de découvrir des affinités inattendues, de jouer sur les mots, les rapprochements d'idées et les similitudes. Ainsi, en 1993, juste avant le début de la saison de base-ball de première division, on devait placer un nouveau grillage protecteur sur le stade de l'équipe des Géants de San Francisco. Le directeur financier de l'équipe y vit une circonstance favorable à exploiter.

Il se trouve que les secteurs situés à droite et à gauche du milieu de terrain sont connus, dans le jargon des amateurs de base-ball, sous le nom d'espace et Espace était précisément le nom d'une firme de prêt-à-porter en gros et demi-gros bien implantée dans la région de San Francisco. De surcroît, l'un de ses principaux actionnaires avait racheté une part dans l'équipe à la suite d'une récente augmentation de capital.

Le directeur financier des Géants attrapa l'occasion au vol et persuada aisément la direction de la société Espace de placer de la publicité sur les deux « espaces », de chaque côté du milieu de terrain. Chaque fois qu'un joueur frappait en direction des touches latérales, la télévision exposait obligatoirement leur publicité aux regards des milliers de spectateurs. Et aucune autre marque n'aurait eu la même efficacité, puisque le calembour était à l'origine même de la publicité par voie de rapprochement : « Espace », lisait-on dans la zone d'espace et cela attirait l'attention de tous les commentateurs, y compris ceux des radios.

Remarque : le corollaire de la tactique des affinités est qu'il est préférable de prévoir un poste à cet usage dans les prévisions budgétaires. La nature imprévisible de tels rapprochements ne permet pas de les envisager avant qu'ils ne se présentent. Il est néanmoins nécessaire d'y être préparé.

Tirez les premiers !

Ben-&-Jerry comprirent immédiatement qu'ils devaient exploiter au mieux la chance qui s'offrait à eux. Il fallait toutefois le courage de traîner une multinationale devant les tribunaux, parce que Pilsbury avait les moyens de faire durer le procès et d'user ses minuscules concurrents, sans se soucier de ce que cela pouvait avoir de moralement ou juridiquement répréhensible.

Et pourtant, Ben-&-Jerry n'hésitèrent pas à porter l'affaire devant la plus haute instance du pays, l'opinion publique, et ils tirèrent les premiers, hardiment, en toute connaissance de cause. Imitez-les donc : connaissez bien votre position, conservez flair et sang-froid et ouvrez le feu les premiers!

Limez les griffes du tigre

Ashton-Tate, éditeur de logiciels, désarma son principal concurrent lors des Jeux olympiques de l'été 1984. A l'époque, Lotus dominait absolument le marché du software et il avait acheté dans le plus grand secret environ 3 millions de dollars de spots publicitaires télévisés à diffuser pendant la durée des Jeux.

Lotus créait une sorte de précédent dans les méthodes de vente des logiciels puisque, jamais auparavant, les entreprises de software n'avaient fait de publicité sur les chaînes nationales.

En apprenant la nouvelle, la direction de la société Ashton-Tate passa à la contre-attaque. On acheta des spots sur le réseau USA et sur des stations locales à diffuser dans les principales métropoles des Etats-Unis avant et après (et non pendant) la couverture publicitaire des Jeux proprement dite. Après quoi, on annonça que Ashton-Tate était le premier producteur de logiciels à émettre de la publicité télévisée à la fois nationale et olympique (« nationale » puisque diffusée sur le réseau national USA et « olympique » pour ses spots autour des Jeux olympiques sur les stations locales).

Ashton-Tate avait fait paraître son communiqué avant le début de la campagne publicitaire de Lotus qui, battue à son propre jeu, n'annonça son programme olympique que huit jours après Ashton-Tate, tout en dépensant dix fois plus que sa rivale : on avait bien rogné ses griffes à un formidable fauve et sans dépenser beaucoup !

Vos clients débordent d'idées utiles

Un cadeau n'a de valeur que si vos concurrents n'en profitent pas. C'est une évidence parfaitement illustrée par le cas d'une entreprise de vente de papeterie par correspondance appelée Paper Direct dont les clients aimaient à concevoir de nouveaux produits.

Cela commença en 1989 lorsque Paper Direct utilisa des illustrations représentant la façon dont ses clients utilisaient ses articles. « *Nous*

210

apprîmes par divers sondages que nos clients voulaient savoir comment les autres s'y prenaient », nous dit le directeur des ventes de Paper Direct. Ce fut ainsi que naquit l'idée d'un concours sur le thème de « A vous de jouer » où les consommateurs étaient invités à faire connaître leurs façons d'utiliser le papier à lettres, les enveloppes et tout autre article de papeterie distribué par Paper Direct, avec une récompense pour les plus astucieux, 500 $ en articles de la marque.

A la suite de ce concours, la firme s'aperçut que certains de ses clients transformaient et personnalisaient leurs achats de papeterie, ce qui donna de nouvelles idées de produits au vendeur. « *Ce concours a été une bénédiction, avec un flot de suggestions utiles à mettre en application.* », explique-t-il. Chacun sait que les idées de nouveaux produits ne courent pas les rues, surtout sans rien débourser!

Suscitez les motifs d'amélioration

Il y a mieux encore, c'est de susciter ses propres motifs d'amélioration, autrement dit de catalyser tout ce qui en vaut la peine. Levi Strauss, la célèbre manufacture de vêtements de travail de San Francisco, commanda une étude sur l'usage des tenues « décontractées » sur les lieux de travail.

L'enquête engloba 750 « cols blancs » à travers les Etats-Unis et l'on découvrit que pour 80 % de ces gens-là, le port de tenues « décontractées » était perçu de manière positive et que c'était bon pour le moral; 47 % pensaient que cela pouvait améliorer la productivité et 4 % seulement étaient contre. Enfin, 46 % des sondés considéraient qu'une tenue « décontractée » était un élément dans le choix d'un employeur.

Au vu de ces résultats, la société Levi Strauss déchaîna une campagne de relations publiques qui débouchèrent sur une kyrielle d'articles dans les quotidiens et les périodiques, vantant les mérites des tenues « décontractées ». On ne surprendra sans doute personne en écrivant que la marque Levi Strauss fut la grande bénéficiaire des nouvelles habitudes vestimentaires sur les lieux de travail : n'offre-t-elle pas à la vente une ligne de vêtements « décontractés », justement baptisée Dockers?

Agissant selon nos principes en vue d'affoler ses concurrents, Levi Strauss ouvrit une ligne rouge gratuite qui fournissait des conseils sur la mode des vêtements « décontractés ».

L'enquête elle-même donna lieu à quelque trois mille articles dans la presse et Levi Strauss en poussa encore les effets par des « portefeuilles » destinés aux responsables des relations humaines des entreprises en offrant de nombreux conseils en vue d'un programme vestimentaire assorti d'une série de cas types tirés des programmes déjà réalisés ailleurs.

Exercice

Supposez qu'Exxon commande une enquête qui prouverait que l'image de la société a été complètement transformée depuis le naufrage de l'Exxon-Valdez et par la pollution qui s'ensuivit et que la situation est infiniment meilleure qu'avant la catastrophe. Qui ajouterait foi à ce sondage ?

a. Le pdg d'Exxon

b. Le pdg et le conseil de direction

c. Le pdg, le conseil de direction et la firme de relations publiques à l'origine de la commande

d. L'Office de protection de l'environnement

Une telle méthode exige deux conditions primordiales : la première est qu'il faut à la base une image positive. Levi Strauss pouvait se permettre l'étude en question et sa publication parce qu'elle est perçue comme une entreprise « progressiste ». Qu'on se le dise : une firme jouissant d'une image positive peut se permettre des actes qui passeraient pour des manœuvres de bas étage chez une autre qui a mauvaise réputation.

En second lieu, les résultats du sondage étaient tout à fait vraisemblables. En revanche, on ne saurait tenir compte d'une étude à l'appui d'un postulat erroné, l'étude fût-elle valable en elle-même. Il semble ainsi logique de supposer que les milieux d'affaires contemporains sont généralement favorables aux tenues « décontractées » sur les lieux de travail.

Chapitre 14

Sortez des sentiers battus

« Les choses que nous n'avons pas accomplies aujourd'hui sont les grandes tâches de demain. Etes-vous un mouton de Panurge ou bien de ceux qui montrent le chemin? Une âme pusillanime que les vociférations d'un équipage soupçonneux font gémir? Ou bien au contraire, visez-vous un but digne de vous, pour le meilleur ou pour le pire? »

Edgar Guest.

Le 19 avril 1775, les forces britanniques marchèrent sur Concord pour y détruire les magasins des Rebelles américains. Le premier jour, les deux armées ennemies combattirent sur un terrain dégagé qu'on appelait la prairie de Lexington. Les deux adversaires pratiquèrent d'abord la tactique classique de l'époque : déploiement en ordre serré et fusillade à courte distance. A ce jeu, les troupes anglaises composées de professionnels aguerris n'eurent aucune peine à disperser une armée de paysans insurgés. C'est alors que, vers la fin de la journée, les Américains changèrent de méthode contre les Anglais qui s'en retournaient à leur base de

Boston ; au lieu de manœuvres en ligne conformes à la tradition, les insurgés ouvrirent le feu sur les colonnes adverses en mouvement, depuis les boqueteaux situés le long de la route. A leur tour, les Américains causèrent de lourdes pertes aux régiments royaux.

Deux batailles le même jour entre les mêmes formations, l'une selon le règlement en vigueur sur un champ de bataille établi, l'autre menée hors du terrain convenu, en contradiction avec les normes, et qui donna la victoire aux guerriers d'occasion. L'historien miltaire anglais Robert Asprey raconte, dans son ouvrage *Une Guerre hors normes* qu'un général anglais mit en garde ses compatriotes contre les Américains et leur tactique : « *De l'armée américaine, on peut dire que composée comme elle est, et avec les avantages du pays environnant, luxuriant, plein de bois, marécages, murettes et divers autres obstacles naturels et cachettes, que chaque combattant du grade le plus bas s'y trouve être son propre général, susceptible de changer le moindre boqueteau, la moindre haie en une espèce de bastion d'où il pourra, après avoir fait feu avec le calme, la détermination et l'effet de surprise dont bénéficiera toujours le tireur à l'affût, se replier en toute sûreté jusqu'à un autre poste s'il en est besoin, et ainsi de suite, jusqu'à ce qu'on l'en déloge par le canon ou des attaques d'infanterie légère.* »

Vous plairait-il que vos concurrents en disent autant à votre sujet ? Cela se pourrait si vous parveniez à rompre les entraves d'une certaine tradition et à manœuvrer à l'écart du théatre des opérations.

Reliez les points entre eux

Il existe, c'est entendu, des principes moraux, des lois et aussi des préceptes de bon goût, mais, cela mis à part, il y a peu de règles qu'on ne puisse enfreindre pour triompher de l'adversaire dans la guerre commerciale. Le propos du présent chapitre est de briser avec la coutume et de faire preuve d'imagination et de courage. John Czepiel, l'auteur de *Stratégie du Marketing concurrentiel* a fort bien résumé la situation : « *Battez-vous loyalement, mais évitez les combats loyaux.* »

Que les idées toutes faites, conventions et coutumes ne freinent votre volonté ou vous embrument l'esprit! On se rappellera probablement le petit problème suivant qui figure depuis une dizaine d'années dans la plupart des manuels spécialisés : il s'agit de relier neuf points en utilisant quatre traits au plus et sans lever une seule fois la pointe du crayon.

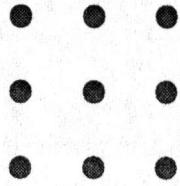

La solution conventionnelle, maintenant connue de tout le monde, depuis que l'énigme a figuré dans tant de livres, consiste à se débarrasser de la notion qu'il n'est pas permis de sortir du carré formé par les neuf points.

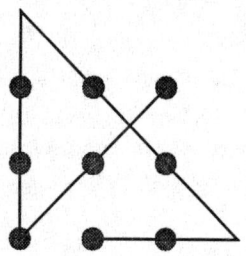

Il existe une autre solution, un peu moins conventionnelle, mais assez connue quand même, fondée sur l'hypothèse que rien n'oblige à faire passer chaque droite par le centre de chacun des points.

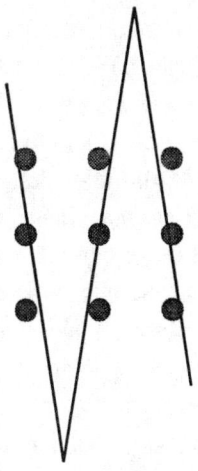

En dernier lieu, il n'est dit nulle part qu'on ne peut pas plier le papier de manière à rapprocher tous les points les uns des autres.

Qu'il s'agisse de résoudre de petites énigmes ou de rendre fous vos rivaux, il faut de toute urgence vous libérer des conventions et des structures mentales périmées.

Comportez-vous toujours en valeur qui monte

Souvenez-vous que l'histoire américaine est faite de victoires des parvenus sur les gens en place. Prenons l'exemple de la reproduction du langage sur le papier. Au commencement, les firmes Remington, Royal Smith et Underwood dominaient de loin le marché avec leurs machines à écrire mécaniques. Plus tard, un autre prétendant au titre apparut, IBM, qui occupa tout l'espace avec ses machines à écrire électriques. Ensuite, ce fut le tour de nouveaux venus tels que Wang qui décimèrent l'industrie de la machine à écrire avec des appareils de traitement de texte. Ensuite, survint le Rastignac de l'informatique, Apple, avec IBM dans son sillage : leurs ordinateurs domestiques et leurs logiciels poussèrent les machines de traitement de texte vers la sortie.

Le professeur de management James Utterbach, explique dans son livre *La Dynamique de l'innovation* par quels procédés les outsiders arrivent à leurs fins : « *Ces arrivistes n'ont pas grand-chose à perdre en ambitionnant d'innover : pas d'infrastructures technologiques préexistantes à défendre ou à maintenir, mais au contraire, tous les stimulants économiques indispensables au renversement des anciennes valeurs.* »

D'un autre côté, les gens en place ont toutes les raisons du monde de se montrer prudents dans la quête d'innovations fondamentales : en premier lieu, ils ont beaucoup investi dans la technologie existante; de surcroît, ne négligeons pas l'aspect sentimental qui les attachent étroitement au maintien du statu quo ante; et dans la pratique quotidienne, toute leur attention est captivée par le système en place : on conçoit que le maintien et l'amélioration de la structure présente exigent une diligence de tous les instants.

Un conquérant tel que vous a intérêt à s'inspirer d'une telle sagesse, en vue du combat à l'écart des règles définies et du bouleversement de l'ordre établi. En revanche, si vous appartenez aux structures établies, vous devrez apprendre à vous comporter en conquérant, car si vous ne bouleversez pas l'ordre établi, quelqu'un d'autre s'en chargera. Il convient d'abord d'apprendre à ignorer les conventions.

Ignorez les conventions

Plaignez le pauvre échidné : cet animal avait été découvert par le fameux capitaine Bligh au cours d'un voyage en Australie, en 1793, à bord du Bounty. L'échidné est une espèce de mammifère ovipare, de la même espèce que l'ornithorynque à bec de canard. Se fondant sur quelques caractères reptiliens tels que la ponte d'œufs, les savants d'autrefois le considéraient comme primitif, autrement dit d'un niveau inférieur à nous autres mammifères. Ce faisant, ces biologistes ignoraient un détail apparemment mineur : cet animal possèdait en effet un cerveau volumineux par rapport à son poids.

On peut déduire que ces messieurs privilégiaient leur précieuse théorie selon laquelle les reptiles sont primitifs, une théorie si solidement implantée qu'elle les empêchait de percevoir un fait d'évidence mais remettant en cause un mythe respecté : l'échidné présente une boîte crânienne volumineuse. On pourrait paraphraser la vieille question : « *Qu'est ce qui est venu en premier du cerveau ou de l'œuf?* » La réponse des biologistes du XIXe siècle fut que c'était l'œuf.

A l'instar de ces scientifiques, certains dirigeants sont prisonniers d'archaïsmes, de méthodes surannées qui justifient les pires erreurs de gestion : « *C'est ainsi parce qu'on n'a jamais procédé autrement* ». A quoi je réponds : « *Ecartez les certitudes et défendez la nouveauté* ». Passons hardiment de la biologie animale au domaine des affaires et examinons de plus près l'application de cette maxime.

Exercice

Vrai ou faux ?

Vos supérieurs préfèrent déléguer des problèmes insolubles plutôt que charger leurs subordonnés de résoudre des problèmes difficiles à appréhender.

De la sagesse traditionnelle

La banque de Columbus et l'Association américaine des retraités ont conclu un accord en vue d'accorder des cartes de crédit aux personnes du troisième âge. L'une des mesures prises par la banque a été d'ouvrir à ces personnes un crédit fondé, non sur leurs précédents bancaires ou leurs revenus actuels, mais sur leur patrimoine effectif.

Cette décision a permis de venir en aide à des veuves sans crédit personnel. Selon le vice-président de la banque en charge de ce programme : « *Le taux des découverts de cette catégorie est très en-dessous de la moyenne et les dames âgées ne se risquent pas à des découverts du seul chef qu'elles ne possèdent qu'une carte de crédit. Les autres banques ne leur offrent pas de cartes parce qu'elles n'ont pas de crédit en nom propre ; en fait, elles sont très fidèles et très rigoureuses.* »

En négligeant les principes en vigueur, la banque de Columbus s'est attribuée un nouveau marché et a conquis les gens du troisième âge. Il est évident que le crédit fondé sur la valeur du patrimoine va de soi.

Deux leçons sont à en tirer. La première, c'est que cette histoire rappelle les conseils de notre chapitre 5, Prêtez attention à vos clients. L'axiome généralement accepté dans la théorie du crédit, c'est que le client vient en second et non en premier, et que la préoccupation essentielle de toute institution financière est de rentrer dans ses fonds. Or, ce n'est pas ainsi que l'on bouscule la concurrence. On découvre vite qu'en mettant la tradition de côté, on fait souvent passer l'intérêt du consommateur avant le sien.

La seconde leçon, c'est qu'on voit ici le rapport de l'intuition à la coutume. Voici ce que déclare le professeur de géologie Oliver, de l'université Cornell : « *Ce qu'il faut, c'est rompre avec la tradition, sans forcément renoncer à l'intuition. La plupart des grandes découvertes sont rarement indépendantes de l'intuition fertile et toujours à l'opposé de la « sagesse traditionnelle » du temps.* »

L'expérience traditionnelle

Une certaine firme de Virginie s'est spécialisée dans l'informatisation des bibliothèques, la publication de CD-ROM, logiciels et l'accès aux banques de données. Le fondateur de cette société a recruté une équipe de collaborateurs hautement compétents et disciplinés, au genre de vie tout à fait recommandable des moines.

Il souscrit des contrats avec six abbayes sur tout le territoire : « *Le travail se fait à l'intérieur des monastères et l'on y gagne une qualité rarement atteinte, parce que l'esprit des moines n'est pas occupé par toutes les calembredaines de la vie contemporaine; leur éducation leur apprend à considérer le monastère comme un lieu saint dont l'équipement, qui en fait partie, mérite le respect scrupuleux.* »

Le principal souci de l'entreprise était de trouver une main-d'œuvre stable et compétente au lieu des habituels opérateurs de banques de données. Dès qu'on renonce aux pratiques conventionnelles, on peut inventer maints procédés qui amènent vos concurrents à se dire : « *Pourquoi diable n'y avons-nous pas songé avant!* »

Le point de vue traditionnel

D'ordinaire, les obligations de garantie et de service après-vente sont perçues comme des contraintes onéreuses par bon nombre d'entreprises. Ainsi, les lois de l'Etat de Californie exigent une année sous garantie pour les travaux de bâtiment. La plupart des entrepreneurs y voient un fardeau coûteux qui ronge les bénéfices. Néanmoins, l'un d'entre eux en a fait un instrument favorable à son affaire; cette société est spécialisée dans l'installation de toitures, gouttières et autres compléments d'un édifice résidentiel. L'un de ses employés appellera chacun des clients onze mois après la fin des travaux si des réparations sont nécessaires avant la fin de la garantie. Cette tactique est le plus souvent fructueuse, car le client demande de petits travaux supplémentaires, ce qui engendre, au prix de quelques réparations sous garantie, de nouvelles tranches d'activité.

C'est par un moyen analogue qu'une entreprise californienne de plomberie, installation électrique, chauffage et climatisation, a pu augmenter ses ventes de 15 à 30 %. Elle facture une heure entière au minimum pour chaque déplacement de ses techniciens; lorsque les clients se plaignent que la réparation n'a pas exigé plus de trente ou quarante minutes, on leur explique les raisons, puis on leur offre d'accomplir tous les autres travaux sur le temps déjà facturé. Enfin, on leur demande s'ils souhaitent qu'on vérifie telle ou telle chose avant de partir. La réponse est presque toujours affirmative, ce qui prouve encore qu'on gagnera à ignorer la routine.

Exercice

Que faites-vous quand la période de garantie est sur le point de s'achever?

a. **Vous poussez un soupir de soulagement.**

b. **Vous comptez anxieusement les jours qui restent avant sa date d'expiration.**

c. **Vous téléphonez à votre client pour lui demander s'il a besoin de quelque chose.**

Méthodes conventionnelles de distribution

Un fabricant de jus de fruits offre un produit très semblable à du jus fraîchement pressé, sans adjonction de conservateurs : le liquide reste frais parce que les stocks sont renouvelés chaque jour par des vendeurs se déplaçant chez les détaillants à bord de fourgons de livraison.

Une telle stratégie – la livraison quotidienne des denrées – paraîtra un expédient démesuré, puisque, sur le marché des produits alimentaires, seules de grosses firmes comme Coca-Cola se le permettent. Pourtant, le directeur des ventes de ce fabricant démontre qu'il occupe une bonne partie du terrain aux dépens de rivaux affolés en distribuant ses propres produits et en les plaçant dans ses armoires réfrigérées. Il ajoute : « *Nos concurrents ne disposent pas d'un tel contrôle sur les jus en rayon, puisqu'ils laissent le soin du stockage et de la présentation au détaillant, alors que nous, par la surveillance de nos étagères de notre marque, nous distribuons nos articles selon nos propres critères. Il ne faut pas laisser ce soin à d'autres.* » C'est en éliminant les intermédiaires qu'on s'assure le contrôle de ses propres destinées.

Pliez les règles à votre usage

Il existe une autre façon de jouer en-dehors des lignes, c'est d'adapter les règles à son propre usage.

Je venais d'être recruté par Apple, lorsque le directeur du marketing de Macintosh me demanda de réunir la meilleure collection de logiciels pour ordinateur individuel. Peu lui importait comment j'allais m'y prendre, il ne voulait surtout pas entendre parler d'échec sous prétexte de conformité avec les règles.

Muni d'un pareil viatique et galvanisé par ces consignes, je n'ai pas hésité à négliger les canons généralement admis. Il se trouve que le groupe Apple, distinct de la division Macintosh, avait lancé un programme destiné au développement de logiciels professionnels, avec la possibilité d'acquérir des ordinateurs à 50 % du prix de vente et un tel rabais n'avait d'équivalent nulle part. Il fallait, pour être admis dans ce programme, prouver qu'on travaillait dans le software et fournir des plans d'activité, assortis de produits existants et autres éléments superflus. Ces pratiques devaient empêcher la subversion du réseau d'origine.

Mon premier geste a été donc de passer de l'autre côté de la clôture et d'accéder au programme en remettant des ordres d'acquisition aux techniciens concernés par le programme. J'ai ignoré délibérément le fait que ces gens ne représentaient pas une « société » par eux-mêmes. Il me suffisait qu'ils aient manifesté un quelconque intérêt pour la composition des logiciels. C'était peut-être prendre des libertés avec la pure vérité, tant pis ; ne valait-il pas mieux que quelques personnes enfreignent les sacro-saints principes de l'heure pour obtenir des prix avantageux plutôt que de décourager un seul programmateur sérieux ?

L'une des règles du programme de développement de logiciels était qu'aucune société n'avait le droit d'acheter plus de cinq ordinateurs d'un modèle donné par an ; le but avoué de ce principe était d'empêcher les firmes de la catégorie de se procurer des ordinateurs pour d'autres usages que la programmation, pour des parents ou amis, ou autres personnes de l'extérieur : là encore, Apple entendait protéger ses concessionnaires.

Par conséquent, je dus une nouvelle fois faire abstraction des règles et laisser des entreprises acheter autant de Macintosh qu'elles le souhaitaient. Il est vrai que quelques ordinateurs Macintosh finirent entre des mains où on ne souhaitait pas les voir. Etait-ce grave ? Oui, mais de façon positive, et cela pour deux raisons ; d'abord, j'ai encouragé les auteurs de programmes à créer des logiciels aussi vite que possible, ce qui n'aurait pas pu se faire si je m'étais conformé aux limitations de vente ; en outre, on admettra que chaque Macintosh mis dans les mains d'un nouvel utilisateur poussera à d'autres ventes de Macintosh.

Il m'arriva la même chose un peu plus tard. Après un année passée à faire le siège des programmeurs de software et à en tirer de bons résultats, il devenait indispensable de persuader nos vendeurs, encore récalcitrants, que nos logiciels étaient sur le chemin de la réussite. Voici donc ce que j'ai imaginé : j'ai acheté pour 750 000 $ de programmes Macintosh récemment produits à des sociétés pour les remettre comme échantillons aux représentants et détaillants. Le malheur a voulu que les frais ainsi engagés aient dépassé les crédits qui m'avaient été alloués de quelque 745 000 $, de sorte que le directeur financier de Macintosh réclama ma tête ; seul le pdg de Apple pouvait se permettre des sommes aussi élevées. Il fallut l'intervention du directeur du marketing qui me soutenait, et il exposa les raisons de pareilles dépenses.

Mon expérience personnelle dans l'art de plier les règles à son propre usage me permet de donner quelques conseils à mes lecteurs :

1. Connais bien ton patron et aussi le patron de ton patron. Je n'ignorais pas que mon directeur du marketing me soutiendrait et son patron avec lui, lequel n'était autre que le cofondateur et président du conseil d'administration de la firme. Il m'appuierait si l'on m'accusait de violer les principes habituels, mais n'hésiterait pas à me mettre à la porte si je ne réalisais pas les programmes.

2. Connais bien la firme qui t'emploie. Il y a des entreprises dans lesquelles ni le patron, ni le patron du patron ne te pardonneront d'ignorer les règles. Ce n'est pas le cas chez Apple, mais toutes les sociétés ne sont pas comme Apple.

3. Même si ton patron, le patron de ton patron et la firme dans son ensemble te trouvent des excuses, demande-toi si tes actes sont bien conformes à la morale et à la loi. Qu'arriverait-il si tu étais au service d'escrocs, pris au piège de la fin justifiant les moyens?

4. Demande-toi ce que tu ferais si l'un de tes collaborateurs voulait savoir quels sont tes plans. Prendrais-tu le parti d'en rire en te disant que, décidément, il est très intelligent? Si oui, tu serais dans le vrai. Ou, à l'inverse, te fâcherais-tu au nom des principes sacrés? Ce serait sans doute une faute.

5. Demande-toi si les personnes éventuellement lésées par ton indifférence aux principes approuveraient tes actes en connaissance de cause. Ainsi, dans le cas que je viens d'exposer, les détaillants de chez Apple auraient certainement compris mon attitude, puisque la diffusion des logiciels Macintosh signifiait de meilleures ventes d'ordinateurs Macintosh.

Nul doute que pour se battre en dehors des lignes, il faut une bonne dose de courage, voire de témérité (ou de naïveté?) pour prendre des initiatives sans autorisation ni mise en garde explicites. Mais que vos actions, autorisées ou pas, soient toujours en accord avec l'éthique fondamentale.

Les cent mille fleurs

Une autre histoire sur l'art de tourner les règles nous vient du Tennessee, où il est interdit par la loi d'apposer plus d'une enseigne par établissement commercial. En mai 1994, le gérant d'une succursale Goodyear inventa un subterfuge. Comme son local bénéficiait déjà d'une enseigne, il fit planter des renoncules formant les lettres Goodyear au flanc d'un monticule, le long de la route. L'établissement n'avait pas deux enseignes, mais une seule enseigne et un massif de fleurs. Lorsque l'inspecteur municipal dressa un procès-verbal, le public s'insurgea et la mairie dut céder.

Tout combat loin des lignes exige une bonne dose de sagacité. Il ne suffit pas de placer une enseigne en interdiction avec le règlement, encore faut-il faire preuve d'imagination; c'est ainsi que le gérant Goodyear a su mettre ses concitoyens de son côté.

Exercice

Un certain oracle énonce que vous deviendrez le maître de l'Asie si vous réussissez à dénouer un nœud sur le timon d'un char (et cela sans le secours du ministère du Commerce ou du Parlement). Vous avez beau vous escrimer, vous n'y parvenez pas. Vous êtes fou de rage et vous essayez une dernière fois. Que faites-vous?

a. Vous engagez les services d'un bureau d'analyse

b. Vous constituez une commission multilatérale d'étude

c. Vous dégainez et tranchez le nœud d'un coup d'épée

d. Vous négociez le rachat d'une entreprise de cordage.

Si vous n'avez pas choisi la réponce c, vous savez pourquoi vous êtes ce que vous êtes et pourquoi un jeune prince macédonien est devenu Alexandre le Grand.

Bourrez les urnes

Chaque année, le périodique *Macworld* organise un concours appelé Palmarès de classe mondiale. Les lecteurs sont priés de voter pour leurs produits préférés dans diverses catégories, dont les banques de données, le traitement de texte et les représentations graphiques. Directeur d'une petite société débutante de logiciels Macintosh après avoir quitté Apple, je fis parvenir des lettres à nos clients, incluant même un bulletin de vote, pour les inviter à porter leurs suffrages sur notre production.

Microsoft, la nouvelle firme, déjà estimée à 10 milliards de dollars, s'insurgea contre le procédé. (N.B. : c'est cette même société qui a été l'objet d'une enquête de la part de la Commission fédérale du commerce pour violations de la loi antitrust). De mon point de vue, inciter nos utilisateurs à voter en notre faveur était du même ordre que la propagande politique. De son côté, Microsoft estimait qu'il était interdit de voter pour tel ou tel produit.

Nous l'emportâmes, mais c'est surtout ce « bourrage » des urnes qui nous parut important. Notre méthode consistait à encourager nos utilisateurs à voter pour notre produit et non à fausser le scrutin par la participation d'électeurs fictifs; nous nous contentions de mobiliser les suffrages de clients satisfaits. Tant pis pour Microsoft !

La guerre des ondes

Toutes les stations s'étant arrogé les droits exclusifs sur une rencontre importante à San Francisco, une autre station manifesta son existence en déployant dans le ciel, au-dessus de la foule, un calicot de 30 mètres de long avec son logo.

Selon son directeur du marketing, la station ne pouvait laisser échapper une pareille aubaine, l'occasion de se raccrocher à la concurrence et de tirer parti de sa publicité : « *Ils ne pouvaient rien faire, sauf abattre le petit avion qui remorquait le calicot.* »

On dira que ce sont des tactiques de guérilla et c'est exact; que c'est de la roublardise à la limite de l'imposture, et on ne saurait le nier. Toutefois, il ne s'agit pas d'un procédé condamnable dans la mesure où le terme « droits exclusifs » ne s'applique qu'à la diffusion sur les ondes et non pas au déploiement d'un calicot dans le ciel. En revanche, si la station concernée avait retransmis l'événement en fraude, on aurait pu parler de déloyauté.

E x e r c i c e

Vrai ou faux? Nike a parrainé officiellement les Jeux olympiques d'été de 1992.

(Réponse : faux, Nike n'a pas participé au parrainage, mais personne ne saurait l'affirmer avec certitude. Et voilà pourquoi Nike a épargné 30 millions de dollars sans entrer du tout dans le financement des Jeux).

Rappelez-vous à leur bon souvenir

Le moyen le plus radical de combattre en dehors des lignes est de jouer avec l'esprit de vos concurrents. Non pas que je vous conseille de mentir, d'affirmer des choses qui ne sont pas véridiques. Ce que j'appelle jouer avec l'esprit de vos concurrents, c'est les pousser à arriver à des conclusions erronées par eux-mêmes.

N'allez pas vous imaginer que cela avantagera votre clientèle ou augmentera vos ventes, mais le procédé est distrayant en lui-même et n'est-ce pas là l'un des objectifs les plus sains dans les affaires? De plus, on détend ainsi l'atmosphère, ce qui est hautement recommandable. Enfin, c'est un excellent moyen d'épuiser l'adversaire en le déstabilisant.

En 1988, j'étais directeur général d'une firme de logiciels Macintosh à ses débuts. Je devais m'opposer au géant de la catégorie de l'époque, Ashton-Tate et cela me procura un immense plaisir de jouer avec les nerfs de ses collaborateurs. Il faut savoir qu'en 1988, Ashton-Tate réalisait

250 millions de dollars de ventes, avec un personnel de plus de mille individus et que notre société avait un capital de 750 000 $ avec vingt employés en tout. Notre produit s'appelait 4e Dimension et le leur Mac dBase.

Le directeur qui gérait le produit Mac dBase acheta notre produit 4e Dimension et enregistra notre banque de données d'acheteurs; il appliquait ainsi le précepte : « Connais ton concurrent comme toi-même. » (Je ne sais plus si nous avons estimé alors qu'il s'intéressait à notre banque de données d'acheteurs parce que nous étions très forts ou parce qu'elle était très petite). Je lui fis parvenir une tasse à café marquée à notre nom, comme si cela avait été la pratique courante envers nos clients, accompagnée d'une lettre indiquant que la tasse était un cadeau à nos clients fidèles pour les remercier de contribuer à notre succès – la lettre n'affirmait toutefois pas que chaque acquéreur de notre produit recevait ce cadeau. Mais Ashton-Tate ne mordit pas à l'hameçon et ne distribua pas de tasses à café à ses clients : le stratagème avait fait long feu. Le directeur de notre produit rival eut cependant connaissance de notre dynamisme vis-à-vis de nos acheteurs. Cela ne lui rapporta rien, mais nous-mêmes, mes collaborateurs et moi, y prîmes plaisir et n'est-ce pas l'essentiel, comme je l'ai écrit plus haut!

Voici quatre exemples supplémentaires :

■ Le pdg de Claris passa un accord avec les écoles du secteur où était établie la firme Microsoft, non pas qu'il avait particulièrement à cœur la qualité de l'éducation dans la région, mais parce qu'il souhaitait que les enfants des employés de son concurrent racontent à leurs parents qu'ils travaillaient sur des appareils Claris.

■ Pendant la guerre de Corée, l'OSS s'arrangea pour faire tomber un dépôt de ravitaillement entre les mains de l'Armée populaire chinoise, où figurait une caisse de préservatifs de la plus grande taille sur laquelle on pouvait lire : « Made in the USA – Taille moyenne ».

■ Pendant les guerres puniques, en 217 avant Jésus-Christ, Hannibal fut attiré dans une embuscade par le général romain Fabius Cunctator. Le chef carthaginois fit attacher et allumer des fagots de brin-dilles sur les cornes de deux mille bestiaux qu'il poussa en direction des Romains. Il profita du désordre qui s'ensuivit pour s'esquiver avec ses troupes.

■ Par suite d'une grève des camionneurs, une usine de matériel agricole du groupe International Harvester était menacée de ferme-ture, faute d'acier. Les grévistes disposaient d'un service d'ordre armé pour faire respecter le mouvement. Les ouvriers d'International louèrent des bus scolaires, se déguisèrent en religieuses, chargèrent l'acier dans les bus et le livrèrent à l'usine. Qui donc aurait osé faire feu sur des bus scolaires conduits par des bonnes sœurs?

Et voici la meilleure!

Quand bien même on ne disposerait ni d'une armada de camionnettes, ni d'un troupeau de bœufs, ni de chauffeurs travestis en nonnes, on peut tout de même affoler ses concurrents en les leurrant. Je veux terminer mon chapitre sur la meilleure anecdote que j'aie jamais entendue sur le sujet.

Au début des années soixante, Wilson Harrel avait acheté les droits d'exploitation d'un détachant appelé Formule 409 et l'avait commercialisé. En 1967, il détenait 5 % du marché des détachants aux Etats-Unis. Mais la multinationale Procter & Gamble commença alors à lancer son détachant liquide Cinch.

Harrel apprit que Procter & Gamble expérimentait la vente du produit à Denver (Colorado). Il retira alors progressivement de la vente Formule 409, en ne répondant pas aux commandes des distributeurs et en suppri-mant toute espèce de publicité ou promotion de la marque.

Un tel comportement eut des résultats sensationnels pour Cinch dans la région, ce qui conduisit Procter & Gamble à lancer son produit sur le marché international, après une expérience aussi favorable à Denver.

Ayant, par cet artifice, contribué à gonfler les espérances de Procter & Gamble pour son nouveau produit, il entreprit d'en saper l'introduction sur le marché national. Il confectionna des colis comprenant un berlingot de 500 grammes et un flacon de deux litres, le tout vendu un dollar et demi, très en-dessous du prix habituel. Il s'était dit qu'à ce compte les acquéreurs de chaque colis n'achèteraient plus aucun détachant pendant au moins six mois. Harrel lança une énorme campagne publicitaire pour la promotion de cette offre exceptionnelle et, pour ainsi dire, mit les utilisateurs de Formule 409 hors compétition car les seuls acheteurs possibles pour Cinch n'étaient pas assez nombreux pour justifier les investissements de Procter & Gamble qui, moins d'un an plus tard, retira Cinch des rayons.

Quel enseignement en tirer?

■ Connais ton rival comme toi-même. C'est parce que Wilson Harrel connaissait les techniques de marketing de Procter & Gamble qu'il parvint à jouer au plus fin.

■ Cependant, il n'est pas indispensable d'en connaître autant : la simple lecture de revues et magazines spécialisés permettait de déduire les façons de procéder de Procter & Gamble. Il ne s'agit nullement ici d'espionnage à la James Bond.

■ Il n'existe pas de procédé infaillible. Ne laissez donc jamais la vanité ou l'arrogance obscurcir votre jugement. On ne peut croire, en effet, que personne chez Procter & Gamble n'ait rien vu des manœuvres de Wilson Harrel!

Interview : Stephen Wynn

Quiconque a séjourné dans l'un des hôtels créés par Stephen Wynn n'est pas en mesure de l'oublier. Prenez le Mirage à Las Vegas, par exemple, avec son volcan artificiel qui fait éruption toutes les sept minutes. On y trouve aussi, dans le grand vestibule de la réception, un aquarium de 80 000 litres avec des requins et des raies mantas, une pis-cine pour dauphins de 6 000 000 de litres et une exhibition de tigres du Bengale !

Non loin du Mirage, un autre hôtel créé par Wynn : L'Ile au Trésor. La conception de l'édifice est inspirée du célèbre roman de Robert Louis Ste-venson. Toutes les heures, on peut y assister à une bataille navale entre le vaisseau pirate Hispaniola et la frégate anglaise Britannia, avec naufrage d'un des deux navires. En outre, l'hôtel dispose en permanence d'une troupe de cirque.

Wynn est le président-directeur général du groupe Mirage Internatio-nal, propriétaire des hôtels Mirage, L'Ile au Trésor, La Pépite de Las Vegas et La Pépite de Laughlin. Un nouvel hôtel, Le Beau Rivage, est présente-ment en construction à Las Vegas, au beau milieu d'un lac artificiel des-tiné au ski nautique.

Las Vegas est en train de changer ou, plutôt, c'est Wynn qui fait chan-ger Las Vegas. Naguère, la ville était vouée au divertissement des adultes. Maintenant, elle se préoccupe de plus en plus d'une clientèle familiale qui ne vient pas seulement pour les jeux de hasard, mais pour y passer aussi des vacances. Les hôtels de Wynn y sont pour beaucoup.

Wynn passe souvent pour un aventurier hors normes, sujet à des comportements imprévisibles. Pourtant, dans l'interview qui suit, il nous présente une toute autre image et nous donne de sages et utiles conseils sur l'art et la manière de cultiver sa différence. N'oublions pas que le but de toute entreprise est de satisfaire sa clientèle et de gagner de l'argent, et non de se montrer différent pour la beauté du geste.

Q : La presse vous accuse de violer toutes les règles traditionnelles des casinos et de réinventer Las Vegas. Qu'en dites-vous ?

Je n'ai en rien changé les règles en usage, je n'ai fait qu'accentuer une tendance qui a commencé avec l'apparition de Jay Sarno et du Cae-sar's Palace dans les années soixante. Jusqu'alors, tous les hôtels se ressemblaient : construction dans les années cinquante avec, sur le devant, un casino et une salle de spectacles.

Sarno créa un nouveau cadre, depuis les tenues du personnel et les noms des restaurants jusqu'à la décoration intérieure sur le thème des bacchanales. Sa théorie était que c'était l'édifice tout entier qui devait être un lieu de fêtes, et pas seulement la salle de spectacles; s'y promener constituerait une distraction en soi.

Mon idée était qu'il fallait inventer un lagon de type tropical à la polynésienne au milieu d'un paysage désertique, aride et rebutant. Les gens découvriraient alors de leurs propres yeux un décor inattendu. L'opposition entre ce qu'ils pensaient voir et ce qu'ils voyaient réellement serait si fascinante qu'ils se diraient tout de suite : « *Se peut-il que l'intérieur soit aussi extravagant que l'extérieur? Il faut y aller voir.* »

Q : N'avez-vous pas, en réalité, enfreint la loi non écrite de Las Vegas, « le Caesar's Palace tu n'attaqueras pas »?

Nous avons construit un restaurant au Golden Nugget, le premier établissement gastronomique en ville, et nous avons fait réaliser une affiche montrant la salle avec, en premier plan, le maître d'hôtel présentant un superbe plateau de hors-d'œuvres et nous l'avons apposée sur un panneau juste devant celui du Caesar's Palace où l'on lisait : « *Caesar's Palace, autant que le cœur vous en dit!* »

La drôlerie de la chose était précisément que le Golden Nugget s'attaquait sans détours au Caesar's Palace, comme si nous tirions la langue au grand chef; je m'aperçus toutefois que se positionner face à un lieu déjà consacré ne suffisait pas. Notre succès viendrait de notre engagement total, d'une perpétuelle remise en question. Ce qui compte avant tout, c'est ce que nous accomplissons chez nous. Il ne s'agit pas d'un jeu de poker dans lequel le bon joueur est celui qui fonde sa tactique sur ce qu'il croit être les cartes de l'adversaire. Ce qui compte pour nous, c'est de savoir jouer nos propres cartes, sans nous occuper de ce que font les autres.

Q : Pourquoi ne pas fonctionner selon vos propres règles ?

On ne rejette pas impunément les principes élémentaires qui constituent la pierre angulaire et le cadre de l'arène où a lieu l'affrontement. Ces principes sont fonction de ce que disent et souhaitent les clients. Si l'on vient à Las Vegas, c'est parce que c'est l'image même du divertissement.

Pour gagner, il faut donner aux gens ce qu'ils attendent de vous et c'est là que résident les principes élémentaires. Qu'on les méprise et c'est l'échec assuré. Il n'existe pas de table rase dans notre monde.

Soyez donc astucieux, inventif, et novateur pour aller à la rencontre des clients, car c'est bien ce qui est en cause. Notre souci est bien de respecter les principes et de se montrer meilleur dans ce cadre donné.

Q : Comment savoir quelles règles, conventions et limites sont intangibles ?

L'étalon est le simple bon sens. En toute circonstance, il y a des règles fondamentales à respecter. On ne se montre pas créatif par le simple rejet des conventions; cela ressemblerait plutôt à de la légèreté, celle de ces étourdis qui répètent à cœur joie : « *J'innove, du simple fait que je suis différent des autres!* », sans autre résultat positif.

Pour être à la fois original et créatif, il faut apprendre à formuler, sous une forme rénovée et unique, les principes de base. Il en existe en tout lieu et à tout moment et pour les cas les plus variés, aussi vrais que le respect d'autrui.

Q : A supposer que vous supplantiez bientôt le Caesar's Palace, vous deviendriez à votre tour une valeur établie avec le risque de voir un nouveau Steve Wynn vous faire manger votre chapeau. Comment savoir sortir de soi-même ?

Comme vous le dites si bien, il faut se remettre en cause ou alors un autre le fera à votre détriment.

234

Le 28 février prochain, nous allons fermer quelque six cents chambres – ce qui représente 20 % de notre superficie effective – et utiliser 20 % des autres par roulement quotidien jusqu'au 24 août. Nous dépenserons 54 millions de dollars à refaire les vestibules, foyers, paliers d'ascenseur et chambres. Après viendra le tour de tous nos restaurants, de sorte qu'en janvier 1996, le Mirage sera un nouvel hôtel. Au bout de six ans seulement, nous connaissons parfaitement la gestion ainsi que la réfection nécessaires à ce genre d'établissements.

Q : C'est-à-dire ?

Nous nous améliorons sans cesse. Et nous allons construire un autre hôtel, Le Beau Rivage, à l'endroit où se trouvait l'hôtel des Dunes. Ce sera le lieu le plus magique qu'on ait jamais vu !

Q : C'est donc de l'autocannibalisme ?

Je ne dirais pas cela. Notre hôtel de Laughlin offre des chambres à 28-30 $: l'un de ceux du centre ville à 58-60 $, celui d'à côté à 78-80 $; enfin, celui-ci est à 128-130 $ la nuit. Cela montre que nous en avons pour tous les goûts et pour toutes les bourses et dans chaque catégorie, avec des pointes à 200 $. On se situe alors au niveau d'un palace. Avec de telles innovations, nous sommes encore loin de l'autocannibalisme.

Q : Vous comptez y mettre un volcan en éruption ?

Non, nous emploierons ici un autre thème, puisque ce sera une île. Quelque chose de tout à fait différent donc.

Q : Dernière question, quel est le rôle de la concurrence ?

On ne s'en occupe pas, on fait comme si elle n'existait pas. Seul compte le client, c'est lui qu'il faut analyser. Après l'avoir disséqué minutieusement, on saura toujours à quoi s'en tenir sur ses réactions.

En second lieu, et c'est plus difficile, il faut savoir l'émoustiller par des idées originales; c'est là qu'interviennent le talent et l'imagination.

Le talent, l'imagination sont des mots très dangereux, si souvent dénaturés, avilis, déformés, parce que confondus avec le non-conformisme qui est si facile et accessible au dernier des imbéciles.

Chapitre 15

Comment affoler votre patron

« La crème monte avant de tourner. »

Laurence Peter.

Le complexe de Ruy Blas

L'hypothèse de départ de ce livre est que votre concurrent est une autre société ou un autre groupe. Mais ce n'est pas toujours le cas, il arrive que ce soit votre propre patron.

L'idéal serait que le présent chapitre n'existe pas, puisque les entreprises devraient avoir une mission clairement énoncée, établie en fonction d'objectifs, de stratégies et de tactiques qui permettent de triompher. De surcroît, on aimerait ne voir accéder aux fonctions éminentes que des personnes capables, opiniâtres, expérimentées et capables de prendre des initiatives. Ces rares talents leur permettraient de s'appuyer sur leurs subordonnés pour atteindre les buts désignés et ainsi assouvir leur soif de succès, de prestige et d'avantages matériels également.

Assez dormi : réveillez-vous et humez le fumet du rôti faute d'y goûter. C'est que le monde n'est pas du tout celui de vos rêves et que vos supérieurs sont souvent plus dangereux que vos concurrents. En revanche, si vous entretenez d'excellents rapports avec votre patron, s'il[1] est tout à la fois efficace, accessible et confiant, vous pouvez sauter ce chapitre.

Il y a toujours un moment, dans la carrière d'un employé, où il/elle doit se demander non pas ce qu'il/elle peut faire pour son employeur, mais ce que son employeur peut faire pour lui/elle*. Si la réponse est constamment la même, c'est-à-dire rien du tout, il va peut-être falloir prendre les mesures qui s'imposent. Ces mesures sont l'objet du présent chapitre.

Connais ton patron comme toi-même

L a première étape est, comme à l'accoutumée, de bien connaître son ennemi, en l'occurrence son patron. Il n'y a rien de plus abominable que les mauvais patrons. On peut généralement les classer en sept catégories. Cela ne signifie pas qu'un mauvais patron n'appartiendra qu'à l'une de ces catégories. Bien au contraire, la plupart des mauvais patrons présentent plusieurs des caractères décrits ci-dessous. De plus, le style d'un patron peut varier et il vaut mieux être prêt à toute éventualité.

Le sphinx technologique

Cette créature s'entend mieux avec l'ordinateur et autres appareils complexes qu'avec les êtres humains. Issu de la technostructure, il a gravi les échelons à la faveur de ses talents scientifiques. Il pourrait, si le cœur lui en disait, devenir un excellent dirigeant d'entreprise; mais il s'inté-

---

* Maintenant vous comprenez ce que je veux dire à propos du genre des pronoms.

resse bien plus aux appareils les plus avancés qu'aux êtres humains. Il n'est vraiment heureux qu'au milieu de ses prises électriques. (Si cela correspond au type de votre patron, vous le combleriez en lui demandant d'en poser de nouvelles).

L'homme selon le principe de Peter

Chacun sait que le meilleur des VRP est rarement un bon directeur commercial. Rien n'y fait : on élèvera quand même à des postes de responsabilité des VRP vedettes parce que tout le monde croit que le célèbre principe de Peter (« Dans toute hiérarchie, on tend à se hisser à son plus haut niveau d'incompétence ») ne s'applique qu'aux autres. Cet homme reste comme pétrifié dans son fauteuil, inapte maintenant et à jamais, puisque nous n'avons jamais vu un patron demander sa destitution pour cause d'incapacité.

Le jeune loup

Un jeune loup est un frère puîné de l'homme selon Peter. Cependant, ce dernier sait bien, au fond de lui-même, qu'il a largement dépassé son niveau d'incompétence, alors que le jeune loup est arrogant et sûr de lui, sans avoir eu à faire ses preuves. A ses débuts, il est comme une bouffée d'air frais, mais l'illusion dure peu, tant l'air frais devient vite insupportable à trop forte dose. Le simple bon sens devrait exclure les moins de trente ans à tout poste de responsabilité.

L'apparatchik

L'apparatchik se trouve où il est parce qu'il a survécu à toutes les purges. Ce n'est pas tant qu'il soit plus malin ni plus fort que les autres, mais il est invariablement terne. Avec lui, les ennuis commencent lorsqu'il parvient au sommet, car il est incapable d'innovation ou de transformation, des qualités évidemment étrangères à son ascension. Sa devise en toutes choses sera donc : « *C'est ainsi parce qu'il en toujours été ainsi* ».

L'imbécile éprouvé

L'imbécile éprouvé est aussi bête qu'expérimenté : ce qui le rend dangereux, c'est qu'il connaît bien le jargon sans jamais parvenir à aucune conclusion. Sa conception de la conduite des affaires se limite à susciter des crises artificielles qu'il résoudra par des palinodies. Quiconque oserait proposer une solution mieux appropriée se verrait reprocher de ne pas saisir les données du problème!

L'égocentrique

L'égocentrique ne doute pas que la Terre tourne autour de sa royale personne. Que dans toute la firme, personne n'est aussi bon que lui, de sorte qu'il remet toutes décisions « réellement décisives » au moment où il aura le loisir de s'y consacrer. Il ne désigne ses collaborateurs qu'en fonction de l'utilité qu'ils représentent pour lui et non de leurs mérites, si bien qu'en peu de temps, il est entouré d'autres égocentriques de rang inférieur tous prêts à se prosterner devant Sa Majesté. Il ne s'abonne à *Fortune* que pour le numéro sur les « plus redoutables patrons des Etats-Unis ».

Le velléitaire

Le velléitaire voudrait bien être ce qu'il n'est pas, un prophète, un démiurge, un meneur d'hommes, un héros. Il n'est pas ce qu'il voudrait être, mais il ne veut pas le savoir et son entourage ne fera semblant de rien. Il est souvent amusant de constater que le velléitaire n'est pas toujours mauvais, mais que cela ne lui suffit pas. Ce roi est tout nu, mais personne n'ose le lui dire.

Exercice

Faites une photocopie de cette partie du livre, cochez les paragraphes qui décrivent le mieux votre patron et arrangez-vous pour que cela tombe sous ses yeux.

Les objectifs

L a revue *Fortune* publie chaque année un article intitulé « Les plus redoutables patrons des Etats-Unis ». Dans un numéro de 1993, on évoque un concours imaginé par Jim Miller, l'auteur de *L'Entraîneur des Présidents*. On demandait la description la plus terrifiante d'un grand patron et le vainqueur se voyait offrir un voyage pour deux à Hawaï.

Celui qui l'emporta raconta que son patron avait fait distribuer une circulaire dans laquelle il menaçait de licencier quiconque oserait toucher au thermostat des bureaux. En outre, il exigeait des gens qui s'absentaient pour causes d'obsèques familiales, de lui remettre obligatoirement un exemplaire du faire-part. Un autre patron cité dans le concours avait contraint ses employés à japper pour avoir leur chèque de fin de mois*. Il est clair que certains de ces patrons sont plus bêtes que redoutables.

Dans les cas d'aliénation les plus graves, il sera à peu près impossible de secouer votre patron, au risque d'affecter irrémédiablement votre carrière, votre situation financière et, en général, votre état mental. Voilà pourquoi il faudra en premier lieu déterminer les objectifs à atteindre.

L'un de ces objectifs ne sera pas de perdre votre place, pas plus que

---

* Je n'invente rien. Consultez l'article de Brian Dumaine « Les plus redoutables patrons des Etats-Unis », *Fortune*, 18 octobre 1993, page 44.

de se retrouver ailleurs avec un patron pire encore. Voici quatre objectifs raisonnables :

■ Préparez-vous en fonction de votre prochain patron (ou devenez patron vous-même) après que l'actuel aura implosé, ce qui ne saurait manquer d'arriver.

■ Exposez vos talents dans l'espoir de séduire le prochain patron — meilleur que le précédent, espère-t-on.

■ Ne dissimulez pas votre satisfaction de rendre fou un pareil imbécile.

■ Obtenez une nette amélioration de l'état de votre patron (ici, j'étais à court d'un quatrième objectif).

Et puis voici encore six recettes qui vous permettront d'atteindre les quatre objectifs ci-dessus. Elles sont, pour une part, tirées d'un ouvrage fondamental sur le sujet, intitulé *Des patrons à enfermer*, par Stanley Bing. Elles ne seront peut-être pas toutes appropriées à votre cas, mais certainement pas inutiles pour vous prémunir contre les errements d'un patron odieux.

La fin de la dépendance

L'arme la plus puissante d'un patron odieux est de vous forcer à rechercher son approbation ou son estime. C'est même une composante essentielle de leur tactique : si Mars représente l'Homme, Vénus la Femme, alors Uranus représente le Patron. Déconnectez-vous et dites-vous qu'il n'est qu'un obstacle à vaincre parmi tant d'autres. Ayez vos visées personnelles.

Tenez vos promesses

Votre compétence dépasse de très loin tout autre atout vous permettant d'affoler votre patron. C'est en tenant ses promesses qu'on acquiert une bonne réputation, laquelle se traduira en termes de pouvoir. C'est en accomplissant votre tâche que vous vous rendrez indispensable au plus exécrable des patrons qui perdra beaucoup de son prestige. A l'inverse, le refus d'exécuter vos missions par soif de vengeance ne pourra que vous nuire.

Construisez des passerelles

Ce n'est pas manquer à la bonne foi que de jeter des passerelles dans toutes les directions, à l'intérieur de la firme. Tôt ou tard, les mauvais patrons sont traités comme ils le méritent. C'est alors que vous aurez besoin de solides appuis à tous les niveaux et dans l'entourage même du patron sous l'autorité duquel vous étiez. Choisissez certains allié et faites-leur confiance. Le combat solitaire mène à l'isolement et au désespoir.

Combattez pour une juste cause

Les patrons les plus abominables, ne serait-ce que seulement au fond d'eux-mêmes, sont capables de discernement, entre autres de savoir qui nommer à un poste supérieur et à qui accorder une augmentation, quels programmes il convient d'appliquer et aussi les exigences de la clientèle. En refusant de céder à ses caprices et en luttant pour la bonne cause, vous affirmerez votre compétence et l'un des traits les plus courants chez les mauvais patrons est leur timidité devant la compétence.

Sachez-en plus long

Si la bonne réputation est une arme, une connaissance approfondie des choses en est une autre. Les antichambres du pouvoir économique sont pleines de gens utiles aux pires des patrons parce qu'ils en savent plus long que les idiots auxquels ils sont soumis. L'ambition de tout patron est de garder ou d'améliorer sa position et il ne le peut que grâce à une parfaite connaissance du fonctionnement de l'entreprise ou du marché.

Protégez vos atouts

Au premier signe de bourrasque, le patron cherchera des coupables. Il faudra donc que vous ayez pris la précaution de protéger vos arrières. Si vous avez un mauvais patron, tenez-le sans cesse au courant, obligez-le à tenir compte de vos activités et accordez-lui superficiellement le mérite de vos succès, sans omettre de vous couvrir par des preuves incontestables.

Qui est maître a bord ?

Encore une dernière observation et une dernière petite histoire. Tout d'abord, j'observe que bien des gens se plaignent d'avoir été trop longtemps au service du même patron, mais que personne ne trouve qu'il s'est retiré trop tôt. Vu?

Ma dernière petite histoire est la suivante : en 1772, le prince Miklos Esterhazyi avait maintes fois promis à son orchestre, dirigé par Josef Haydn, de lui accorder un congé sans jamais tenir sa parole. Les musiciens firent des représentations au compositeur qui décida de transmettre le message sous forme de symphonie. Il composa donc la *Symphonie des Adieux*. Dans le troisième mouvement, le nombre des exécutants diminuait progressivement; dès qu'un musicien avait terminé sa partie, il soufflait sa chandelle et se retirait, si bien qu'à la fin la scène était vide. Le prince comprit l'allusion et donna des vacances à son orchestre.

N'en doutons pas : chacun d'entre nous est son propre maître et nous sommes les seuls artisans de notre bonheur. Prenez en main votre destinée et, si vous êtes à bout de ressources, soufflez votre chandelle et sortez.

Interview : Charles Sampson

Charles Sampson mesure un mètre soixante-deux et pèse soixante-six kilos. Ses adversaires ont la même taille au garrot, mais pèsent dans les 750 kilos : ce sont des taureaux qu'il monte en rodéo. C'est le champion du monde de ce sport.

Une interview d'une vedette du rodéo vous semblera bien étrange, voire incongrue, dans un livre consacré à la vie des affaires. Néanmoins, si vous remplacez le mot taureau par l'expression « mauvais patron » dans le texte qui va suivre, vous saisirez la valeur et l'opportunité des propos de Sampson.

Q : Quels sont vos rapports avec le taureau?

Nous sommes comme des rivaux au milieu de la piste. Lui, il sait qu'il a son rôle à jouer. Dès qu'il est sur la rampe d'accès et que la barrière s'ouvre, il sait que plus il se démène, rue, se cabre, plus il a de chances de me désarçonner.

Q : Un taureau débonnaire ne vous conviendrait pas, naturellement?

Pour pouvoir me faire admirer, il me faut une bête qui rue et se cabre et se retourne. Nous devons l'un comme l'autre nous donner en spectacle. Ses sautes d'humeur, je dois les prévoir au dixième de seconde près. C'est en fonction de sa puissance musculaire qu'on jugera la valeur de l'exploit qui est de le maîtriser pendant huit secondes au moins.

Q : Que se passe-t-il dans votre tête, juste avant votre entrée en piste?

Au moment de monter sur le dos de la bête avant l'ouverture de la barrière, on ne pense à rien d'autre qu'à bien s'accrocher au pommeau, à serrer les dents et les genoux et à réagir au mieux. Il arrive qu'on se rétablisse après un mauvais départ, mais c'est rare avec un bon taureau combatif.

Avant de donner le signal de l'ouverture de la barrière, il faut s'assurer qu'on est absolument prêt et puis on donne le signal et on laisse aller.

Je prévois la position de mon corps en vue de la première ruade. Sa tactique à lui, c'est de me faire passer par-dessus la croupe, alors que moi je me cramponne et me laisse porter vers l'avant, préparé à sa prochaine ruade.

Il ne s'agit pas d'anticiper, parce qu'on risque alors de trop en faire. Au contraire, c'est le mouvement du taureau qui vous amènera à une autre manœuvre. Essayer de prévoir le comportement du taureau, c'est s'exposer au pire. C'est pour cette raison que j'essaie d'enseigner à mes élèves de ne pas se poser de questions sur les évolutions variées de la bête.

Q : Y aurait-il un véritable conflit des volontés entre le taureau et vous ?

Le taureau a son état d'esprit à lui, parce qu'il vient d'un enclos où il ne voit que d'autres taureaux* et je ne le connais pas plus qu'il ne me connaît. Il ne s'aperçoit de mes intentions à son égard qu'à l'instant précis où je lui mets la corde au cou.

Il m'arrive de l'aiguillonner un tant soit peu pour savoir ce qu'il a dans le ventre et qu'il se dise : « *Nous y voilà!* » Il s'aperçoit qu'il a quelqu'un sur le dos et que cette personne lui annonce ceci : « *Aujourd'hui je vais te faire ta fête et tu n'y pourras rien. Tu en feras tant et plus, parce que c'est ton genre, que tu es un as, mais ça m'est bien égal, je resterai planté là, vaille que vaille.* »

Q : Quelles sont vos relations avec les autres participants au rodéo ?

Ils peuvent fournir des tuyaux sur les taureaux. Il arrive qu'ils aient monté telle bête dans l'Oklahoma, telle autre au Texas, et ils peuvent vous aider.

---

* Cette évocation ne rappelle-t-elle pas une réunion du comité de direction d'une firme?

Q : Pourquoi les autres concurrents vous donnent-ils des renseignements alors que vous rivalisez pour les primes et le classement ?

C'est ainsi dans le milieu du rodéo. Tout dépend de la nature du taureau, quelles que soient vos qualités intrinsèques.

Q : Pouvez-vous nous donner des enseignements utiles aux hommes d'affaires ?

Il est des jours où le taureau rue et d'autres où il ne rue pas; il est des jours où rien ne va et d'autres où vous remportez le premier prix. Ce qui est important, c'est d'aborder la compétition avec un esprit positif et d'y tenir sa place.

Vous comprenez maintenant ce que j'ai voulu dire en comparant un mauvais patron à un taureau de rodéo. Les maximes à tirer de l'interview sont :

■ Vous et votre patron, aussi exécrable soit-il, avez une tâche en commun.

■ Vous avez grand besoin l'un de l'autre.

■ Il ne sert à rien de se fâcher aussi longtemps que vous devrez rester à bord.

Note

1. Dans ce chapitre, j'utilise le genre masculin, non que je sois borné ou phallocrate (ce qui revient au même) mais parce que l'usage constant du double pronom nuit à la limpidité du style. D'ailleurs, la plupart des mauvais patrons sont des hommes, proportion qui me donne finalement raison. Si ce parti-pris grammatical vous tracasse, dites-vous qu'il y a plus grave dans la vie.

Chapitre 16

Préservez et protégez

« Le but de la concurrence ce n'est pas tant d'écraser l'adversaire, mais que chacun tire le meilleur de soi-même. »

Walter Wheeler.

La meilleure des défenses

Il existe un moyen infaillible de maintenir et de protéger l'entreprise, c'est de donner satisfaction au consommateur, autrement dit, la défense repose sur l'offensive. Si vos clients ne pensent que du bien de vous, vous obligez vos concurrents à agir par rapport à vous au lieu de mener leur propre combat. C'est ainsi qu'en mettant constamment de nouveaux produits sur le marché, vous les empêchez de se consacrer pleinement à une grande partie de leur mission, notamment dans le domaine du service et activités annexes.

La défense anticipée, à inclure dans votre stratégie d'attaque, est la seule à permettre d'affoler les concurrents. La défense réactive, à savoir la riposte aux initiatives de l'adversaire, n'a de sens que si l'on a la taille d'un géant comme Procter & Gamble. On peut alors pratiquer les trois sortes de tactique défensive interdites au commun des mortels. La description la plus éloquente de cette tactique se trouve dans le livre de Michael Porter, *Avantages concurrentiels : comment se montrer supérieur et le rester.* Voici un résumé succinct des techniques qu'il décrit :

■ Dresser des barrières structurelles par le rachat de sociétés, fermer les chemins de la distribution, faire monter les prix des produits alternatifs et le coût de lancement de nouveaux produits et élever l'apport en capital.

■ Accroître l'effet des contre-mesures en insufflant la volonté de répondre, riposter du tac au tac à toute attaque en force, conclure des alliances avec d'autres groupes en vue d'une contre-offensive, accumuler un trésor de guerre et le faire savoir et, enfin, se tenir prêt à des procédures judiciaires.

■ Réduire les motivations de l'offensive en réduisant les charmes du marché et en orientant ses perspectives d'avenir.

Les cas sont peu nombreux où l'on peut élever ce genre de protection, mais alors il ne faut pas s'en priver. En revanche on n'oubliera pas que la contre-attaque à la Procter & Gamble n'est guère recommandable pour le plus grand nombre, et cela pour trois raisons imparables :

■ On ne dispose pas des données nécessaires à temps. On aura beau savoir combien d'unités de tel produit sont vendues chaque jour (et je doute fort qu'il en soit ainsi), on restera dans l'ignorance des quantités en circulation et arrivées à leur destination ultime.

■ On aura beau recevoir les données statistiques au moment opportun, il est impossible de concevoir et d'exécuter des mesures de rétorsion en fonction de ces données. La plupart du temps, on doit passer par des hiérarchies structurelles, des mécanismes de vente, des réseaux de distribution et des détaillants. (C'est peut-être vrai aussi de Procter & Gamble, mais de semblables organisations sont tellement puissantes, même si rien n'est jamais gagné d'avance).

■ Quand bien même on aura conçu et mis à exécution des programmes de défense, on aura encouru le risque d'oublier le plus important, c'est-à-dire la satisfaction du consommateur.

Tactiques défensives pour les gens ordinaires

Pour le plus grand nombre, les contacts avec Procter & Gamble se limitent à laver son linge avec Tide. Cela ne signifie pas pour autant qu'on ne dispose d'aucune tactique défensive appropriée.

L'ignorance est un bienfait

On commencera par afficher un visage serein. Comme l'écrit Shakespeare « *Pas trop de doléances!* » Ne vous abandonnez pas au dépit ou à la colère, ne poussez pas à bout vos concurents. Il se pourrait bien que le refus d'exercer les représailles qu'attend sans doute la concurrence l'irrite plus que tout.

Il se pourrait d'ailleurs qu'une réaction violente de votre part fasse partie des plans de l'adversaire. La légende veut que Simbad et ses matelots ayant atterri sur une île tropicale, y découvrirent, au sommet des arbres, des noix de coco qui pouvaient étancher leur soif. Ils agacèrent les singes perchés tout en haut en leur lançant des pierres. En représailles, les animaux prirent des noix de coco et en bombardèrent les marins qui se réjouirent du succès de leur stratagème!

On ne recommande pas ici de se mettre la tête dans le sable et de feindre l'indifférence. Que vous vous donniez les apparences du plus grand sang-froid ne vous empêchera pas de faire le nécessaire en créant un nouveau produit ou en améliorant vos services. Une fois de plus, n'oubliez pas que la contre-attaque décisive est de satisfaire la clientèle.

Exercice

Essayez de vous rappeler la dernière fois que vous avez cédé à la rage, dans les affaires, le sport ou les rapports personnels. Où cela vous a-t-il mené?

Montrez un aspect négatif de votre concurrent

La deuxième méthode est de doter votre concurrence d'un caractère négatif. C'est à ce procédé que fait allusion Allen Kay dans son interview reproduite plus haut. Lorsque Procter & Gamble tentèrent de pénétrer le marché des chips à New York, Kay inventa une publicité qui attribuait une caractéristique négative au produit de Procter & Gamble, en évoquant des produits chimiques aux noms inquiétants.

De même, lorsque Woolworth ouvrit un premier magasin, un commerçant de l'endroit essaya de s'y opposer en plaçant un écriteau où on pouvait lire : « *Ici depuis cinquante ans.* » Woolworth répliqua par un autre écriteau disant : « *Ici depuis huit jours : pas de produits périmés.* »

On raconte aussi que la firme de porcelaine Doulton a réussi à donner de Lenox, son principal adversaire sur le marché américain, l'image d'un fabricant d'articles de seconde zone, en dépit d'une annonce de Lenox déclarant :

« *Doulton, la porcelaine qui vient de Stoke-on-Trent, Angleterre contre Lenox, la porcelaine produite à Pomona, New Jersey.* » Une publicité malencontreuse, car la porcelaine anglaise aura toujours plus de prestige que celle du New Jersey!

L'objet de ce type de défense est de faire passer votre concurrent pour un aventurier, indifférent au bien-être du consommateur, avec ses produits de qualité inférieure, bourrés de produits chimiques, plus ou moins frelatés ou vulgaires.

Paraissez imprévisible, voire un peu fou !

La troisième tactique est de paraître un peu « dérangé ». La plupart du temps, les entreprises s'attendent à des actes raisonnables de la part de leurs concurrents. Mais ils seront désemparés face à des attitudes de « kamikaze ».

La compagnie d'aviation Virgin Atlantic en est un bon exemple : elle a offert le transport gratuit jusqu'à l'aéroport à moto ou en limousine, des écrans vidéo individuels à bord ainsi que des couchettes, première classe ou classe affaires, nécessaire de nuit compris. De surcroît, elle tenait compte des distances parcourues sur British Airways dans son programme de voyages gratuits, ainsi que nous l'avons relaté plus haut.

Richard Branson, le président de Virgin Atlantic, est le chien fou de l'univers du transport aérien. Ayant engagé des poursuites contre British Airways pour concurrence déloyale, diffamation et violations des lois contre le monopole, ce fervent aérostier n'a-t-il pas suggéré de résoudre ce contentieux au moyen d'une course transatlantique en mongolfière ?

A un moment donné, face à des entreprises ou à des entrepreneurs de cette trempe, les concurrents jettent l'éponge et se résignent à la détente. C'est alors que peuvent coexister la firme de référence et le chevalier errant avec d'honorables bénéfices pour chacun.

Frappez fort et vite

La quatrième méthode est de riposter sur-le-champ, de peur que votre adversaire s'enhardisse devant votre passivité et fasse main basse sur vos clients. Plus vous tarderez, plus vous aurez de mal à vous défendre. D'ailleurs, on sait qu'une guerre des prix prolongée réduit les profits de tout le monde.

Il est aisé de prévoir après coup, mais on se dit que la General Motors aurait pu se débarrasser rapidement de Honda dès son arrivée sur le marché américain avec ses motocyclettes. Quelques années plus tard, même indécision devant l'introduction, pourtant frappante, de voitures par le fabricant japonais.

On emploiera des procédés de dissuasion, afin de clouer l'adversaire sur ses lignes de départ et, surtout, avant qu'il n'ait eu le loisir de se retrancher. Quand on frappe fort et vite, il ne faut surtout pas se tromper de cible. Le principe de base est de s'en prendre à une entreprise jeune, minoritaire et de maigre apparence, de préférence à des concurrents de poids que leur prestige ne rend que trop visibles. Celui-là est un jeune loup qui pourrait avoir votre peau.

Empêchez vos concurrents de vous connaître

Il existe une autre manière de se prémunir, c'est d'empêcher votre adversaire de connaître quoi que ce soit de vos activités internes et externes. S'il est avisé, il tentera par tous les moyens d'en savoir autant sur vous que vous sur lui. (Si votre adversaire est stupide, ne vous en souciez plus).

Voici la liste des armes qu'il pourrait utiliser contre vous :

Contre-publicité

Il existe toutes sortes de stratagèmes qui, sans être des mensonges à proprement parler, pourraient induire vos collaborateurs à communiquer certains renseignements confidentiels. Voici les stratagèmes les plus courants :

■ Sous le couvert de l'anonymat, un individu se fait passer pour un journaliste et parvient à soutirer des renseignements à certains de vos collaborateurs sans que ceux-ci songent à lui demander son identité.

■ Quelqu'un déclare travailler pour un institut de recherche quelconque, ce qui est exact, mais il omet de préciser qu'il est au service de votre concurrent.

■ Il arrive qu'un rival possède un service d'études que vous ne connaissez pas et dont l'un des employés entre en contact avec vous sans vous prévenir de ce lien avec un groupe que vous identifieriez sans peine.

■ Votre concurrent loue, à votre insu, les services d'un institut de recherches connu, lequel vous appellera fréquemment en vous annonçant ses noms et qualités, mais en laissant dans l'ombre ceux de son client, et obtiendra des renseignements sur votre compte qu'il s'empressera de lui transmettre.

Mensonges

Si les subterfuges définis ci-dessus sont à la limite de l'honnêteté, il en est d'autres qui relèvent de la supercherie ou du mensonge. C'est ainsi que votre concurrent, ou quelqu'un qu'il aura recruté dans ce but, se fera passer pour un candidat à un poste, un étudiant travaillant sur une thèse, un enquêteur appartenant à un organisme professionnel, voire un membre de votre firme, un inspecteur des services gouvernementaux ou un « chasseur de têtes » sur la piste de situations alléchantes.

En mettant à jour de tels expédients, on doit en premier lieu résister à une compréhensible poussée d'adrénaline et à la tentation de faire à autrui ce qu'il vous a fait. Voici trois raisons pour cela :

■ Ces pratiques, d'où qu'elles viennent, sont immorales et illégales. Tout avantage qu'on en retire est plus que compensé par les désagréments d'ordre judiciaire.

■ On donne ainsi un déplorable exemple à ses collaborateurs : en admettant le recours au mensonge, on engage son entreprise sur une pente savonneuse difficile à remonter.

■ C'est, enfin et surtout, une injure aux dieux ou à la Divine Providence et, même si l'on est épargné au premier manquement, il sera, à la fin, tenu compte de tout.

> ## Exercice
>
> **En utilisant les mêmes procédés, prenez contact avec votre propre firme et essayez d'obtenir des renseignements confidentiels. Qu'apprendrez-vous ?**

Comblez les failles

Il ne faut pas en conclure que nous recommandons l'inaction : on se refusera à admettre de telles manœuvres dolosives. Bien au contraire, on fera sienne la devise *carpe lapsus* (littéralement : comblez les failles).

La première concerne votre liste d'adresses. Cela me surprend toujours que les sociétés ne filtrent pas mieux leurs listes d'adresses. Il y a trois raisons à cette négligence :

- certaines firmes sont assez stupides pour ne pas deviner que leurs propres concurrents figurent sur leurs listes d'adresses;

- d'aucunes sont trop nonchalantes pour les expurger. Peut-être sont-elles occupées à expliquer la dernière mise à jour;

- d'autres encore rêvent d'un monde d' « information planétaire » dans lequel les ventes, le marketing et communiqués parviendront aux oreilles de la concurrence quoi qu'il arrive. Pourquoi se fatiguer?

Alors qu'il n'y a aucune excuse à la sottise où à la paresse, le cas est plus épineux avec la périlleuse illusion de l'information totale et des raisonnements tels que : « *Nos concurrents sont tellement au-dessus de nous qu'ils prennent immédiatement connaissance de tout ce que nous faisons. Envoyons-leur nous-mêmes ce que nous rendons public.* »

Rien n'est plus trompeur. Il n'y a pas que chez vous que les gens sont débordés, y compris ceux dont la mission est de surveiller la concurrence, de sorte que si vous ne leur faites pas parvenir vous-même les renseignements dont ils ont besoin, ils n'en auraient peut-être pas connaissance. Ou bien trop tard, pour pouvoir s'en servir.

Exercice

Etudiez attentivement votre liste d'adresses. Si un de vos concurrents y figure, demandez-vous si vous êtes stupide ou négligent ?

Maintenant que vous avez mis un terme aux fuites dans vos services des ventes, du marketing et des relations publiques, passons à votre personnel. Comment empêcher vos collaborateurs de tomber dans les traquenards tendus par vos concurrents ? Selon les experts, il est indispensable que votre entourage observe la règle suivante : ne confiez à quiconque le moindre détail que vous ne communiqueriez pas à votre concurrent.

Les mêmes experts recommandent un programme de formation en quatre points :

1° Montrez à vos employés que les fuites nuisent aux intérêts de la firme, aussi bien qu'à leurs revenus personnels et à leur avenir professionnel.

2° Enseignez-leur les techniques défensives pour parer à toutes fuites accidentelles et apprenez-leur à quelles machinations vos concurrents sont susceptibles de se livrer. Organisez des jeux de rôles.

3° Sachez créer un environnement positif propre à renforcer la fidélité au sein de votre firme. Les fuites sont le plus souvent involontaires, mais un employé mécontent pourrait causer des préjudices considérables.

4° Promulguez des règles strictes de sécurité et faites-y adhérer vos collaborateurs. Accoutumez-les à rendre compte aux gens responsables de toutes tentatives d'investigations insolites provenant de l'extérieur.

Bien que ce chapitre s'achève sur des conseils de contre-offensive, n'oubliez jamais que la meilleure façon d'affoler votre concurrence est de donner satisfaction à vos clients et d'éviter tout choc frontal. C'est pourquoi la dernière interview concerne un maître d'aïkido.

Exercice

Au prochain salon professionnel de votre secteur d'activité, arrangez-vous pour vous présenter au stand de vos principaux concurrents (et des autres). Vous n'aurez aucune peine à repérer un ingénieur, un directeur de produit ou tout autre technicien (on les remarque parce qu'ils ont toujours l'air d'arriver d'une autre planète).

Commencez par leur poser quelques questions pertinentes sur leur production et il serait bien rare que cela ne déchaîne pas un torrent d'explications qu'aucun dirigeant ne communiquerait de son plein gré.

Ultérieurement, quand vous serez revenu sur terre, demandez-vous ce qui se passerait si vos concurrents en usaient de même avec vous.

Interview : Harry Eto

À quatre-vingt-huit ans, Harry Eto pèse 60 kilos pour une taille d'un mètre soixante-deux. Il est aussi un maître d'aïkido, détenteur d'un septième rang aussi prestigieux qu'une place au palmarès des 500 hommes d'affaires les plus clairvoyants dans *Fortune*.

L'aïkido est une forme d'art martial japonais qui exploite les mouvements, la force et le poids de l'adversaire grâce à des prises et à des évolutions circulaires. Contrastant nettement avec les autres genres d'arts martiaux, il ne fait aucune place aux coups de poing ou aux coups de pied de contre-attaque.

Harry Eto a été l'un des premiers en Amérique à étudier sous la férule du maître Tohei Koichi, l'inventeur du style particulier d'aïkido pratiqué par Eto qui, jusqu'à l'âge de soixante-treize ans, avait travaillé dans l'industrie du bâtiment et se consacre désormais à l'enseignement de l'aïkido.

Au cours de l'interview, il a exposé le principe dit de la non-concurrence, c'est-à-dire que la meilleure façon de vaincre, c'est d'éviter le combat. Eto dit qu'il vaut mieux maîtriser le « ki » que combattre. Bref, le ki est l'énergie vitale qui régit l'univers. Tout le monde possède le ki, mais seuls certains individus savent en tirer profit en mettant simultanément en action leur esprit, leur corps et leur âme.

Q : Comment compareriez-vous les aspects physiques et les aspects mentaux de l'aïkido ?

Regardez-moi : je suis peu de choses (sans doute fait-il allusion à son grand âge et à sa petite taille). Au début, j'ai eu du mal, parce que je me fiais à la force physique et non au ki. Dans ces conditions, c'est le plus athlétique qui l'emporte. La philosophie du ki est bonne : rien de belliqueux, essentiellement de la sérénité, de la confiance. Soyez vous-même, ce qui est le plus difficile.

Les gens viennent avec pour seule ambition d'apprendre à rendre les coups et à projeter en l'air leurs adversaires. En apprenant à dominer son propre corps, on arrive à s'emparer de l'esprit de l'adversaire. Il ne s'agit pas de projeter en l'air son adversaire, ni de combat. Ce qui nous importe, c'est la concentration de l'énergie mentale et non physique.

Tout manuel d'arts martiaux recommande « l'exercice mental », mais les gens n'en ont cure. Ils veulent lancer leurs adversaires en l'air, sans se rendre compte que l'on y parvient qu'avec la pratique du ki. Au moindre sentiment négatif, votre esprit n'y est plus. Peu importe votre puissance musculaire, vous ne pourrez pratiquer notre art dans les règles. Et la taille de votre adversaire n'a rien à y voir.

Q : L'aïkido est-il un art martial ?

Chez nous, le mot d'adversaire n'a pas cours, si bien que l'aïkido n'est pas un art martial au sens propre. Naguère, on ne se souciait pas du ki et l'on projetait les gens dans les airs. Mais l'aïkido Shin Shin Toitsu (la doctrine enseignée par Eto) y a mis un terme. Plus de projection acrobatique, plus d'affrontement violent, mais seulement l'initiative qu'on obtient au moyen d'évolutions circulaires.

Il existe trois manières de prendre l'initiative. Premièrement, l'extension du ki et il n'est pas question de s'endormir, mais de deviner ce que l'autre va faire. Deuxièmement, il faut savoir comment l'autre va s'y prendre. Troisièmement, toujours respecter sa force. Quatrièmement, il faut se mettre à sa place au lieu de l'affronter. Cinquièmement, en ayant l'initiative, on peut agir sur l'esprit de l'autre. Tout mon enseignement se résume à concentrer votre force en ce point (il désigne son abdomen).

Q : Avez-vous employé l'aïkido en combat ?

Non, car je n'y gagnerais que de graves ennuis. La puissance du ki est une chose terrifiante et mon adversaire se retrouverait sur des béquilles*.

---

* Au cours de notre interview, il nous a fait quelques démonstrations d'aïkido et je peux dire qu'il ne plaisantait pas en disant cela !

Q : Le ki vous a-t-il été de quelque usage dans votre profession de directeur des travaux ?

Vous savez, pendant la grande crise et puis pendant la guerre, j'avais beaucoup de monde sous mes ordres et il ne fallait pas lambiner, parce qu'on nous aurait mis à la porte. Aussi j'étais tout le temps après eux et je les forçais à travailler.

Mais c'était avant d'apprendre l'aïkido et je sais maintenant que ce n'était pas la bonne manière de diriger un chantier. Chaque fois qu'ils me voyaient, ils tremblaient de peur et la productivité s'en ressentait. En les menant de la sorte, le résultat était négatif.

En 1976, j'ai suivi un cours à l'Institut Carnegie. C'est là que j'ai appris à m'entendre avec les gens et à avoir de l'influence sur eux. A la même époque, je me suis initié à l'aïkido. Ma capacité de travail s'en est trouvée accrue, j'étais plus efficace parce que je savais mieux m'y prendre avec les ouvriers.

Je ne faisais plus un drame à leur moindre défaillance, parce qu'on nous avait appris qu'il ne fallait pas s'inquiéter d'une erreur, dès l'instant qu'elle a été commise, car on en aggraverait les effets. On doit seulement se soucier de la corriger.

Q : Avez-vous un conseil à donner aux gens d'affaires ?

Il faut, avant tout, éviter une tension exagérée. Allons, les enfants, c'est la récréation, décrispez-vous, souriez! Si votre concurrent est dans son tort, ne lui en dites rien, ce serait déjà une passe d'armes et on n'en veut pas. Non, accompagnez le mouvement, c'est préférable. S'il essaie de vous frapper et que vous ripostez, il vous en cuira s'il est plus fort que vous. Dès qu'il porte un coup, allez dans le sens du coup porté, ne le contrariez pas et amenez-le où vous voudriez le voir.

Si vous jugez que vous êtes meilleur, gardez-le là (et de désigner son abdomen). Tant que vous le garderez là, personne ne vous l'enlèvera. Si au contraire, vous le gardez là (il montre sa tête), ça vous rendra fou et il ne vous restera plus qu'à combattre.

**Q : Mais si quelqu'un voulait attaquer
la concurrence ?**

Non, on ne le doit pas. Il faut s'asseoir, se montrer naturel, tel qu'en soi-même et modeste aussi. Votre âme est sereine, votre corps inébranlable. De telles vertus, on doit les pratiquer dans la vie quotidienne et pas seulement dans le « dojo » (salle d'exercices).

Le coup de
l'étrier

« Une vie sans épreuves ne vaut pas la peine d'être vécue. »

Platon, *Apologie de Socrate.*

Du bon exercice de la concurrence

L a concurrence a cela de bon qu'elle nous amène à prendre la mesure de nos capacités et de nos actes. Il arrive qu'elle nous offre la possibilité de nous dépasser et de nous élever à des sommets que nous n'imaginions même pas. A l'inverse, elle peut pousser à l'obsession et, inéluctablement, à la tragédie.

Le paradoxe est qu'il faut jouer pour gagner, mais que le jeu peut tourner à l'obsession qui, à son tour, compromet les chances de gagner. L'art du concurrent se résume à jouer comme si tout dépendait du résultat et d'abandonner comme si rien ne dépendait du résultat.

Quand on joue pour vaincre et affoler l'adversaire, il convient donc de se remettre en cause à tout moment et de ne pas perdre de vue les enjeux. On reconnaîtra qu'on s'égare aux symptômes suivants :

- Vous n'hésiteriez pas à voler, à tromper, à mentir et à violer la loi dans le seul but d'écraser vos concurrents.

- Vous vous délectez des déboires, poursuites judiciaires et autres calamités affligeant vos concurrents.

- Vous ne tirez plus aucune satisfaction du travail bien fait et vous préférez nuire à vos concurrents plutôt que satisfaire vos clients.

- Vous ne pouvez vous résigner aux succès de vos concurrents.

- Vous rechignez à conquérir de nouveaux marchés parce que vous craignez l'échec bien plus que vous n'ambitionnez le succès.

Dès que vous vous reconnaissez dans l'un de ces commentaires, le moment est venu d'étudier vos actes à la loupe. Il est vraisemblable que vous êtes en train de gâter votre réputation au lieu de progresser.

Règles de base

L es méthodes destinées à affoler vos concurrents deviennent immorales lorsque votre objectif n'est plus de plaire à votre clientèle, mais seulement d'abattre vos adversaires. Il y a cinq règles de base propres à échapper à ce péril et à orienter vos efforts dans la bonne direction :

- **Conformez-vous à la loi ou à votre propre sens des valeurs, au plus strict des deux de préférence.** Il arrive que la conformité avec la loi ne suffise pas. Ainsi, mentir sur une date de livraison pour séduire un client n'est pas un délit, mais ce n'est pas moralement justifiable. Vos principes personnels ne vous interdiraient pas d'abaisser abusivement vos prix, mais la loi vous le refuse.

■ **Songez que vous appartenez à la société en général et pas seulement à votre entreprise.** Si vous ne pensez qu'en termes d'entreprise, vous ne vous soucierez que d'elle, alors que nous vivons dans un monde bien plus vaste et plus complexe.

■ **Mettez-vous à la place de vos concurrents.** C'est une règle d'or qu'il faut toujours garder à l'esprit, surtout dans la guérilla commerciale ou l'intervention ponctuelle. Sans être veule, sachez distinguer entre les ruses de guerre, les manœuvres astucieuses et les actions à effet retard d'une part, la malhonnêteté, la supercherie et le vol d'autre part.

■ **Ayez pour livre de chevet *L'Ethique au quotidien* de Joshua Halberstam.** Ce livre est de loin le meilleur que j'aie lu sur l'éthique dans le monde réel. Une seule citation suffira : « *La meilleure attitude face à la mesquinerie, n'est pas la haine mais l'indifférence. Il ne faut pas que votre ennemi vous rende malade, mais qu'il travaille en votre faveur à son insu.* »

■ **Faute d'aucun recours, prenez conseil de qui vous est le plus proche.** Si votre conjoint (et ici je crois que les hommes ont un avantage, parce que les femmes ont un meilleur jugement moral) trouve que votre idée n'est pas convenable, renoncez-y. A vrai dire, si vous en êtes à devoir demander l'avis de votre conjoint, c'est sans doute qu'il vaut mieux abandonner ce que vous projetiez.

On joue pour gagner

Quelques paragraphes plus haut, j'ai fait usage de l'expression « Jouer pour gagner », comme d'une évidence. Or, il n'en est rien, parce que jouer pour gagner, c'est, comme le dirait un joueur de tennis, frapper la balle le plus fort possible pour empêcher l'adversaire de la renvoyer.

Il n'en découle nullement qu'il faille constamment smasher – il y a des cas où un simple lob fera très bien l'affaire. Dans l'économie, jouer pour gagner signifie qu'il faut mener votre entreprise de manière à empêcher votre rival de vous enlever des clients ou d'en attirer de nouveaux. C'est aussi ce qu'on peut faire de mieux. On remplit par là sa mission et l'on offre plus de bien-être à son client et, ce qui n'est pas négligeable, on l'incite à en demander davantage aux entreprises avec qui il est amené à traiter. Cela permet à vos concurrents de fonctionner au niveau le plus élevé.

Et si vous perdez? Assurez-vous alors que vous perdez pour le bon motif. Dixit et Nalebuff, deux professeurs de sciences économiques et de gestion l'expriment fort clairement : « *Si vous devez échouer, il vaut mieux que ce soit pour une grande cause. L'échec vous rabaissera dans l'esprit des gens à l'avenir, mais ce sera plus ou moins grave selon l'importance de l'enjeu.* »

Et l'on gagne pour jouer

Dans sa forme la plus pure, la victoire n'est qu'un moyen, non une fin en soi : le but est l'amélioration, celle de la concurrence autant que la vôtre. Il faut rendre le monde meilleur et les sociétés ont l'obligation morale de jouer pour vaincre et de contraindre tout le monde à jouer au plus haut niveau.

Mais gagner, c'est aussi se donner les moyens de jouer. Il se peut qu'une vie sans épreuves ne vaille pas la peine d'être vécue, mais une vie qui n'est pas vécue n'est pas digne d'épreuves. Il ne faut jamais gaspiller les bénéfices de la victoire, argent, pouvoir, dignité et confiance en soi.

En dernier lieu, il existe une deuxième obligation, plus importante encore que de jouer pour vaincre, celle de porter le plus loin possible les limites de son esprit et de ses facultés, « *aussi loin que vous porte l'âme*.* » Tant il est vrai que c'est avec vous-même que vous concourez.

---

* Pour paraphraser Elizabeth Barrett Browning.

Achevé d'imprimer par
Brodard et Taupin
en août 1996
pour le compte
des Éditions Générales F I R S T

N° d'édition : 379
Dépôt légal : août 1996
N° d'impression : 6158Q-5
Imprimé en France